TRAITÉ D'HARMONIE

Théorique et Pratique

PAR

F.-A. GEVAERT

Directeur du Conservatoire Royal de Bruxelles
Maître de Chapelle de S. M. le Roi des Belges, Membre de l'Académie de Belgique
et de l'Institut de France

PREMIÈRE PARTIE

Prix net : 12 fr.

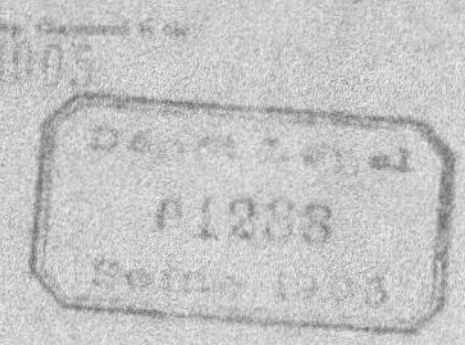

HENRY LEMOINE & Cie
17, Rue Pigalle PARIS — BRUXELLES, Rue de l'Hôpital, 44

TRAITÉ D'HARMONIE

Théorique et Pratique

PAR

F.-A. GEVAERT

Directeur du Conservatoire Royal de Bruxelles
Maître de Chapelle de S. M. le Roi des Belges, Membre de l'Académie de Belgique
et de l'Institut de France

PREMIÈRE PARTIE

Prix net : 12 fr.

HENRY LEMOINE & Cie
17, Rue Pigalle PARIS — BRUXELLES, Rue de l'Hôpital, 44
Reproduction et Traduction réservées pour tous pays
y compris la Suède, la Norvège et le Danemark.
Copyright by Henry Lemoine et Cie 1905

Imp. Chaimbaud et Cie

1905

Avertissement de l'Auteur

Sur la demande de plusieurs personnes, professeurs d'harmonie dans des Établissements d'enseignement musical, je me suis décidé à publier avant le complet achèvement du travail, la moitié de mon Traité d'Harmonie. Le fractionnement m'a paru d'autant plus possible que cette première partie peut être considérée comme formant un tout. La seconde partie, que j'espère pouvoir mener à bonne fin avant l'année 1906, sera consacrée aux matières suivantes :

1° Modifications chromatiques des harmonies du Majeur et du Mineur.

2° Accords mêlés d'éléments mélodiques *(notes et accords de passage et d'amplifications, retards, prolongations, etc.).*

3° Modulations extra-tonales *(transitions formelles d'un système tonal à un autre).*

Il est superflu de faire remarquer aux harmonistes que le premier et le troisième point n'ont guère été enseignés d'une manière méthodique dans les traités parus jusqu'à présent.

F. A. GEVAERT

BRUXELLES, 3 Janvier 1905

TRAITÉ D'HARMONIE

THÉORIQUE ET PRATIQUE

ÉTUDE PRÉLIMINAIRE

PREMIÈRE PARTIE

Constitution du système général des sons musicaux

§ 1. — Le son est la perception des chocs successifs exercés sur les particules d'air qui environnent l'organe de l'ouïe. Les sons aptes à la musique, les seuls dont nous ayons à nous occuper ici, sont produits par une série de chocs se succédant rapidement à d'égaux intervalles de temps (vibrations isochrones).

§ 2. — On distingue dans le son musical trois qualités principales : l'intensité, le timbre, la hauteur. L'*intensité* d'un son provient de l'amplitude des mouvements vibratoires qui le produisent. Le *timbre*, d'après l'opinion généralement admise depuis les travaux d'Helmholtz,[1] résulte de la forme particulière de la vibration dans les ondes sonores, forme qui dépend elle-même de la manière dont l'air est mis en vibration. La *hauteur* est le résultat de la vitesse plus ou moins grande des vibrations. Le son est d'autant plus aigu que le nombre des vibrations est plus considérable dans un temps donné ; il est d'autant plus grave que le nombre de vibrations est moins élevé.

§ 3. — La hauteur est la qualité essentielle du son musical ; c'est elle qui constitue son identité, qui lui donne son nom. L'intensité et le timbre ne sont que des qualités secondaires. *La musique ne considère comme différents que les sons qui diffèrent en hauteur, et la science de l'harmonie s'occupe uniquement de régler l'usage successif et simultané des sons par rapport à leur hauteur relative.*

§ 4. — Dans l'immense quantité de sons dont l'oreille humaine est à même de saisir la différence de hauteur, l'art musical s'est choisi une série restreinte de sons exprimés par les signes de sa notation. *Tous les sons composant cette série se relient entre eux par la consonance, source et principe universel de la musique.*

Platon : « L'échelle des sons n'est pas un fait primordial : à l'origine elle était désordonnée ; le discord est antérieur à l'accord. C'est la consonance, incarnation du nombre, du principe organisateur, qui a créé l'ordre et la lumière dans le chaos des sons produits par la Nature. L'échelle musicale est consonance. » F. A. G., *les Problèmes musicaux d'Aristote*, Gand, Hoste, 1903, pp. 144-145.

§ 5. — *La consonance élémentaire*, celle dont il s'agit ici, *est l'impression sensorielle qui se produit lorsque deux sons, résonnant en même temps, se mélangent plus ou moins complètement.* Son contraire est l'*inconsonance* ou *dissonance, laquelle a lieu lorsque les deux sons frappés en accord restent nettement séparés dans l'impression auditive.* [2]

---

[1] *Théorie physiologique de la Musique, fondée sur l'étude des sensations auditives*. Trad. française de Guéroult, Paris, 1874, p. 22.

[2] J'ai adopté l'excellente définition des Anciens, de préférence à la théorie superficielle des musiciens modernes, laquelle vise uniquement l'effet "agréable" ou "pénible" des accords élémentaires ; encore à ce point de vue étroit laisse-t-elle à désirer.

La résonnance simultanée est la pierre de touche de la consonance ; cependant la consonance n'implique pas nécessairement la simultanéité : il peut y avoir également consonance quand les deux sons s'entendent l'un après l'autre. Tout porte à croire que le sentiment de la consonance existe au plus profond de l'être humain, puisque l'échelle musicale a procédé et procède de la consonance, même chez les peuples qui n'ont jamais mis l'harmonie simultanée en pratique.

Dans la musique homophone, tant antique que moderne, les repos mélodiques ont lieu en général sur des sons qui forment consonance avec la fondamentale harmonique de la cantilène.

D'autre part on sait que la voix humaine possède la faculté d'entonner spontanément, et juste, les intervalles consonants, tandis qu'elle n'entonne les degrés non consonants entre eux (tons et demi-tons) que moyennant l'insertion inconsciente d'un son consonant commun aux deux intonations.

Les noms des consonances et des intervalles (octave, quinte, quarte, etc.) indiquent le nombre des degrés diatoniques que la voix doit parcourir pour se porter de l'un des deux sons vers l'autre.

§ 6. — Les théoriciens modernes admettent *cinq consonances élémentaires*. Elles sont données par l'accouplement des six premiers sons de l'échelle harmonique, qui s'entendent sur les instruments à cordes et les tuyaux de flûte ouverts. Si l'on fait résonner la 4ᵉ corde du violoncelle, en prolongeant la vibration, on peut, avec quelque attention, discerner dans le son principal cinq sons accessoires.

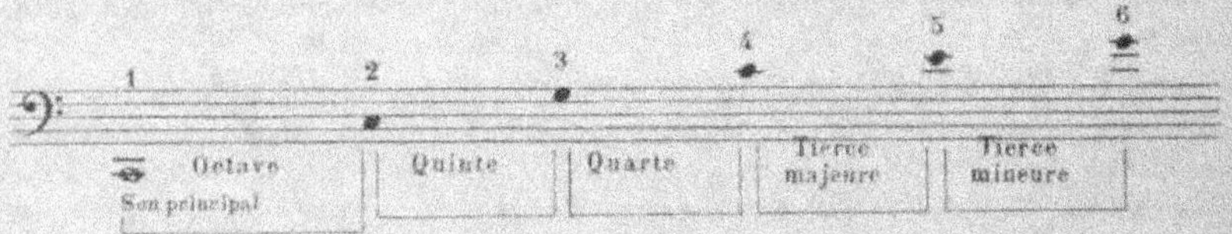

Or les sons 1 et 2 forment l'accord ou l'intervalle consonant d'*Octave* (*Ut-Ut*) ; les sons 2 et 3 produisent la consonance de *Quinte* (*Ut-Sol*) ; les sons 3 et 4 font entendre la consonance de *Quarte* (*Sol-Ut*) ; les sons 4 et 5 exhibent la consonance de *tierce majeure* (*Ut-Mi*) ; 5 et 6 donnent celle de *tierce mineure* (1) (*Mi-Sol*).

Dans l'audition d'un accord l'oreille s'appuie sur le son grave : la consonance est entendue de bas en haut. De même en théorie : les intervalles et accords sont considérés — et énoncés — du grave à l'aigu.

§ 7. — A. La consonance d'Octave (1-2) frappée en accord, donne lieu à une fusion de sons telle, que dans certains timbres elle fait l'effet d'un unisson : lorsque, par exemple, un soprano

---

(1) Les mêmes accouplements de chiffres (1-2, 2-3, 3-4, 4-5, 5-6) expriment *le rapport numérique des vibrations entre les deux sons composant une des consonances élémentaires ; le son inférieur est représenté par le chiffre le moins élevé*. Dans l'Octave les vibrations du son inférieur sont à celles du son aigu comme 1 est à 2 (comme 100 est à 200) ; dans la Quinte elles sont comme 2 est à 3, dans la Quarte, comme 3 est à 4, dans la tierce majeure, comme 4 est à 5, dans la tierce mineure, comme 5 est à 6. Ces mêmes formules numériques expriment aussi les *rapports de longueur des tuyaux et des cordes* servant à produire les susdites consonances. Mais en ce cas *leur signification est inverse : le nombre le plus élevé représente le son grave* de *l'intervalle*. Pour l'Octave les rapports de longueur sont 2:1, pour la Quinte 3:2, pour la Quarte 4:3, pour la tierce majeure 5:4, pour la tierce mineure 6:5. En un mot quand il s'agit de vibrations, *l'unité est la plus petite vitesse vibratoire* dont les nombres 2, 3, 4, 5 et 6 sont les *multiples* ; quand il s'agit de longueurs, *l'unité est la plus grande longueur vibrante* dont les nombres 2, 3, 4, 5 et 6 sont les *diviseurs*.

et un ténor chantent la même mélodie [1]. En ce cas le son aigu s'absorbe dans le son grave et paraît plutôt un élément modificateur du timbre qu'une intonation distincte. [1] L'Octave effectue l'union intime de deux sons différents en hauteur.

B. La seconde consonance, la *Quinte* (2-3), produit également une impression d'unité par le mélange de ses deux éléments sonores. Néanmoins leur fusion ne s'accomplit pas entièrement; l'individualité de chacun d'eux se maintient dans la résonance simultanée. La Quinte réalise la diversité dans l'unité.

C. La *Quarte* (3-4), troisième consonance élémentaire, exhibe aussi au sens auditif une cohésion étroite de ses deux sons; mais leur émission sous forme d'accord fait éprouver une singulière impression d'instabilité, presque de malaise. La cause en est toute simple : *la Quarte est le négatif de la Quinte, c'est une Quinte entendue à rebours*. Le son fondamental, qui dans la Quinte occupe sa place normale, le grave, s'entend à l'aigu dans la Quarte, en sorte que l'accord n'a plus sa base : selon l'expression technique il est *renversé*. A l'oreille du musicien moderne, la Quarte fait un effet semblable à celui que produirait à l'œil la vue d'une pyramide posée sur sa pointe.

Dans la pratique des accords, les renversements qui amènent la fondamentale à la Quarte aiguë de la Basse étaient à peu près inusités chez les anciens maîtres, et ne s'emploient encore aujourd'hui que sous certaines conditions.

D. Les deux dernières consonances, associées par leur dénomination commune, leur usage et leurs propriétés musicales, la *tierce majeure* et la *tierce mineure* forment une catégorie spéciale d'accords élémentaires. Dans l'audition simultanée leurs sons ne se mélangent pas, mais ils se conjoignent de la manière la plus séduisante pour l'oreille. D'autre part ces deux consonances appariées présentent entre elles une opposition générique. La tierce majeure, entendue isolément, possède en elle-même un sens harmonique nettement défini : posée sur une réplique du son fondamental (4-5), elle donne l'impression de l'actif, du viril. Par contre la tierce mineure (5-6) n'a pas de détermination précise, et n'en acquiert une que par l'adjonction d'une tierce majeure, soit au grave, soit à l'aigu. [2]

 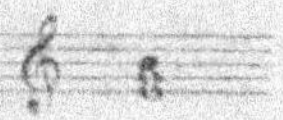

Employée de cette dernière manière, c'est-à-dire comme base d'un accord parfait, la tierce mineure exprime le sentiment féminin, le passif, l'ondoyant. Elle nous apparaît comme une flexion de la tierce majeure. Dans notre art polyphone le mode mineur se trouve sous la dépendance harmonique du Majeur, le système fondamental de la musique européenne.

E. Les *sixtes*, comptées également parmi les consonances modernes, ne sont autres que des tierces dont la disposition est intervertie. En transportant le son grave à l'aigu, la tierce majeure (4-5) se convertit en une *sixte mineure* (5-8), et la tierce mineure (5-6) devient une *sixte majeure* (6-10 ou 3-5). Exécutées en accord, les deux sixtes ne sont guère moins consonantes que les tierces. Toutefois leur sonorité est plus relâchée et leur contraste expressif moins frappant.

---

[1] F. A. G., *les Probl. mus. d'Aristote*, p. 123 et suiv.

[2] L'accord parfait majeur est donné par les sons 4-5-6 de l'échelle acoustique; l'accord parfait mineur par 10-12-15.

§ 8. — Chez les musicistes gréco-romains nos consonances géminées étaient reléguées parmi les *diaphonies* (*inconsonances*), bien que la tierce majeure de la fondamentale du mode et même, jusqu'à un certain point, la tierce mineure fassent office de sons d'arrêt dans les restes mélodiques de l'antiquité qui nous sont parvenus. La haute signification de ces nouvelles consonances ne s'est pleinement révélée que dans l'art polyphone, où les deux tierces sont devenues les éléments premiers, les matériaux essentiels de notre opulent édifice harmonique. Néanmoins un respect superstitieux pour les doctrines grecques, déjà mal comprises par les Romains, a fait que les tierces et les sixtes n'ont pas été hautement proclamées consonantes avant la fin du XVIe siècle. Jusqu'à notre époque même on les a qualifiées de *consonances imparfaites*, parce qu'elles supportent une flexion sans devenir dissonantes. On a réservé la qualification de *parfaites* pour les consonances primitives et absolues d'Octave, de Quinte et de Quarte, *les génératrices de toutes les échelles musicales connues, et les seules consonances qui, de nos jours encore, interviennent dans la constitution du système général des sons musicaux.*

§ 9. — En tant qu'intervalle mélodique, l'Octave jalonne l'étendue entière des sons musicaux; elle marque le point précis où se termine la série des sons harmoniquement différents et pourvus d'une dénomination spéciale. A partir de ce point, la même série et les mêmes dénominations se répètent dans un ordre identique; aussi les sons situés à distance d'Octave sont tenus pour équivalents dans la construction de l'échelle générale. De là, division de l'étendue entière en Octaves, composées chacune d'un nombre égal de sons; en sorte qu'il suffit de connaître les sons contenus dans une seule Octave pour connaître ceux de toutes les autres Octaves.

Ptolémée: « L'Octave renferme toute musique ». Le nom antique de l'Octave, *diapason*, signifie: qui passe par tous les degrés de l'échelle musicale.

Notre musique et sa notation distinguent, dans chacune des sept Octaves actuellement utilisées, 31 sons, lesquels sur nos instruments à clavier sont rendus par 12 sons réels. Les deux ou trois degrés de l'Octave qui dans le tableau suivant occupent la même case diffèrent fort peu en hauteur, et sont représentées par la même touche.

Les 31 sons de l'Octave moderne
rangés dans l'ordre de leur hauteur.

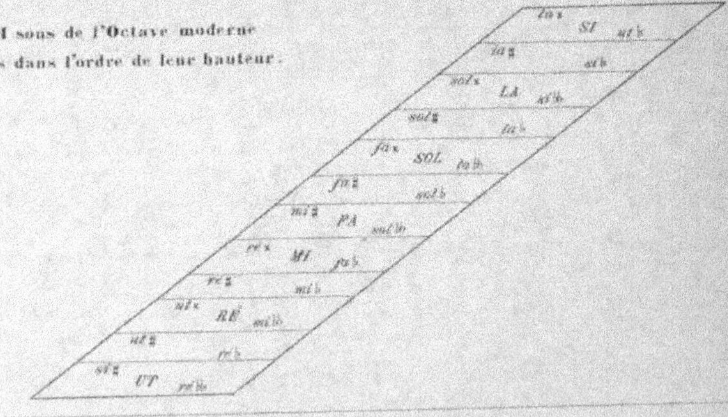

(¹) Si on divise une corde vibrante en deux parties égales, chacune des moitiés donnera l'Octave de la corde entière. En divisant ensuite la moitié en deux, on aura la double Octave, et ainsi de suite à l'infini. Les nombres 2, 4, 8, 16, etc. représenteront donc toujours le même son à des hauteurs différentes.

Voici l'origine de la pratique actuelle, si grossière en apparence, et reconnue néanmoins compatible avec les exigences de notre sentiment musical. On sait qu'en accordant un instrument par un enchaînement de Quintes et de Quartes rigoureusement consonantes, on obtient, au douzième chaînon, un intervalle qui dépasse sensiblement l'Octave du son initial. Pour annuler la différence et aboutir à une Octave juste (ou à un unisson), on a (vers 1700) imaginé de répartir la différence sur les 12 Quintes, en diminuant d'une quantité minime chacune d'elles. Cette opération, connue sous le nom d'*accord par tempérament égal*, a pour résultat d'identifier dans la pratique tous les degrés de l'échelle générale distants de moins d'un demi-ton, et *d'exprimer au moyen de 12 sons par Octave, les 31 sons que notre notation représente par ses signes, et que notre instinct musical, dans l'audition effective, reconnaît sans hésiter, en interprétant les sons matériels d'après leurs relations harmoniques.*

§ 10.—En théorie comme en pratique, la *Quinte est la vraie génératrice de l'échelle musicale; c'est la consonance qui nous fait découvrir tous les sons utilisables dans l'harmonie.* Tandis qu'un enchaînement d'Octaves, porté à l'infini, ne peut nous donner que la réplique du même son, une progression de Quintes nous amènera à chaque pas un son nouveau, sans que jamais on retombe sur un son déjà entendu.

A. En partant de Sol ♭♭ et en montant de Quinte en Quinte, on trouvera les 31 sons compris dans chaque Octave de l'étendue générale : d'abord les quatre autres sons marqués d'un double-bémol, puis les sept sons affectés d'un bémol, ensuite les sept notes non accompagnées d'un signe modificatif, les sept notes diésées et enfin les cinq notes doublement diésées.

```
                  SOL♭♭ _ RE♭♭ _ LA♭♭ _ MI♭♭ _ SI♭♭
        FA♭ _ UT♭ _ SOL♭ _ RE♭ _ LA♭ _ MI♭ _ SI♭
        FA  _ UT  _ SOL  _ RE  _ LA  _ MI  _ SI
        FA♯ _ UT♯ _ SOL♯ _ RE♯ _ LA♯ _ MI♯ _ SI♯
        FA✕ _ UT✕ _ SOL✕ _ RE✕ _ LA✕
```

Une chaine de trente Quintes ascendantes comprendrait plus de 17 Octaves; elle dépasserait de beaucoup, par conséquent, les limites de notre Système musical et de nos facultés auditives. Mais on a vu que les sons situés à distance d'Octave ont la même valeur dans la constitution du système. La gigantesque échelle de 17 Octaves peut donc se resserrer, grâce à cette identification, dans l'étendue d'une seule Octave.

Virtuellement la progression des Quintes est une spirale sans fin; la pratique musicale l'a arrêtée à 31 termes, parce que la Quinte au-dessus de *la* x serait *mi* x, note qui sur les instruments à clavier devrait se rendre par un *fa* ♯. De même la Quinte grave de *sol* ♭♭ serait *ut* ♭♭ qui ne pourrait se jouer que sur la touche de *si* ♭.

Quand l'orthographe harmonique le permet, on évite les x et les ♭♭; en tout cas ces signes ne paraissent jamais dans l'armure. On ne les emploie qu'accidentellement.

B. En prenant la progression des 30 Quintes à rebours, c'est-à-dire en procédant de droite à gauche, on produit une *série regressive de 30 Quartes*, qui, partant de *la* x, passe successivement par les doubles-dièses, les dièses, les notes non modifiées, les bémols, pour aboutir finalement à *sol* ♭♭.

On voit que les intervalles ascendants de Quarte équivalent à des Quintes descendantes; réciproquement les Quintes ascendantes ont la même valeur harmonique que les Quartes descendantes.

§ 11. — Tous les intervalles mélodiques autres que les trois consonances absolues forment les deux bouts d'une chaine de Quintes ou de Quartes plus ou moins prolongée. Si nous prenons notre point de départ vers le milieu de la série entière des 31 sons, la progression des Quintes nous donnera d'abord tous les intervalles majeurs et plus loin les intervalles augmentés; dans la direction opposée la série regressive des Quartes nous fera découvrir en premier lieu les intervalles mineurs et ensuite les intervalles diminués.

Pour démontrer la génération de tous les intervalles appartenant au système harmonique de l'époque moderne, nous partirons donc (sauf deux exceptions) de *ré*, terme central de la série totale.

On se rappellera constamment que dans l'énonciation des intervalles harmoniques, *quels qu'ils soient*, on part toujours du son grave. *La théorie musicale ne connaît que des intervalles ascendants.*

A. Un enchaînement de *deux* Quintes (*ré-la, la-mi*) aboutira à l'intervalle de *seconde majeure* ou de ton:

ré . mi

deux Quartes enchaînées (*ré-sol, sol-ut*) donneront la *septième mineure*.

ré . ut

La seconde majeure et la septième mineure sont contenus *vingt-neuf* fois dans la série totale.

B. Un enchaînement de *trois* Quintes donne la *sixte majeure*;

ré . . . si

trois Quartes enchaînées fournissent la *tierce mineure*.

ré . . . fa

Les deux intervalles sont contenus *vingt-huit* fois dans la série totale.

C. Un enchaînement de *quatre* Quintes donne la *tierce majeure*;

ré . . . . fa ♯

quatre Quartes enchaînées fournissent la *sixte mineure*.

ré . . . . si ♭

Les deux intervalles sont contenus *vingt-sept* fois dans la série totale.

D. Un enchaînement de *cinq* Quintes donne la *septième majeure*;

ré . . . . . ut ♯

cinq Quartes enchaînées fournissent la *seconde mineure* (demi-ton diatonique).

ré . . . . . mi ♭

Les deux intervalles sont contenus *vingt-six* fois dans la série totale.

E. Un enchaînement de *six* Quintes donne le *triton* ou *fausse-quarte*;

ré . . . . . . sol ♯

six Quartes enchaînées fournissent la *fausse-quinte*.

ré . . . . . . la ♭

Les deux intervalles sont contenus *vingt-cinq* fois dans la série totale.

Pour ces deux derniers intervalles nous avons repris les anciennes dénominations, de beaucoup préférables aux termes incorrects que l'on a essayé de leur substituer depuis un siècle. On ne peut appeler *quarte augmentée*, *quarte diminuée*, des intervalles compris dans la gamme diatonique. Les expressions *quarte majeure*, *quinte mineure* ne valent pas mieux. Le majeur suppose, *à côté de lui*, un mineur, et réciproquement. Or la Quinte et la Quarte ne sont pas des intervalles géminés, sexués: comme l'Octave ce sont des consonances absolues.

F. *Sept* Quintes enchaînées aboutissent à la *prime augmentée* ou demi-ton chromatique;

ré . . . . ré ♯

Un enchaînement de *sept* Quartes donne l'*octave diminuée*.

ré . . . . ré ♭

Les deux intervalles sont contenus *vingt-quatre* fois dans la série totale.

G. *Huit* Quintes enchaînées aboutissent à la *quinte augmentée*;

ré . . . . la ♯

un enchaînement de *huit* Quartes donne la *quarte diminuée*.

ré . . . . sol ♭

Les deux intervalles sont contenus *vingt-trois* fois dans la série totale.

H. *Neuf* Quintes enchaînées aboutissent à la *seconde augmentée*;

ré . . . . mi ♯

un enchaînement de *neuf* Quartes donne la *septième diminuée*.

ré . . . . ut ♭

Les deux intervalles entrent *vingt-deux* fois dans la série totale.

I. *Dix* Quintes enchaînées aboutissent à la *sixte augmentée*;

ré . . . . si ♯

un enchaînement de *dix* Quartes donne la *tierce diminuée*.

ré . . . . fa ♭

Les deux intervalles entrent *vingt et une* fois dans la série totale.

J. *Onze* Quintes enchaînées aboutissent à la *tierce augmentée*;

ré . . . . fa ×

un enchaînement de *onze* Quartes donne la *sixte diminuée*.

ré . . . . si ♭♭

Les deux intervalles entrent *vingt fois* dans la série totale.

K. *Douze* Quintes enchaînées aboutissent à la *fausse-octave enharmonique* (plus correctement *homœophone*);

ré . . . . ut ×

un enchaînement de *douze* Quartes donne le *faux-unisson homœophone*.

ré . . . . mi ♭♭

Les deux intervalles entrent *dix-neuf* fois dans la série totale.

Il serait bon d'expulser de notre vocabulaire musical le terme *enharmonique*, qui n'a — heureusement — aucune application dans notre musique européenne, et de le remplacer par *homœophone* ou *équisonant*: mots qui tous deux signifient: "ce qui sonne de même."

L. *Treize* Quintes enchaînées aboutissent au *triton augmenté*;

ré . . . . sol ×

un enchaînement de *treize* Quartes donne la *fausse-quinte diminuée*.

ré . . . . la ♭♭

Les deux intervalles entrent *dix-huit* fois dans la série totale.

M. *Quatorze* Quintes enchaînées aboutissent à la *prime doublement augmentée*;

ré . . . . ré ×

un enchaînement de *quatorze* Quartes donne l'*octave doublement diminuée*.

ré . . . . ré ♭♭

Les deux intervalles entrent *dix-sept* fois dans la série totale.

N. *Quinze* Quintes enchaînées aboutissent à la *quinte doublement augmentée*;

ré . . . . la ×

un enchaînement de *quinze* Quartes donne la *quarte doublement diminuée*.

ré . . . . sol ♭♭

Les deux intervalles entrent *seize* fois dans la série totale.

O. *Seize* Quintes enchaînées aboutissent à la *seconde doublement augmentée*.

sol . . . . la ×

un enchaînement de *seize* Quartes donne la *septième doublement diminuée*.

la . . . . sol ♭♭

Les deux intervalles entrent *quinze* fois dans la série totale.

P. *Les sons qui dans le système général se trouvent mutuellement éloignés de plus de seize quintes ne sont jamais mis en contact harmonique ou mélodique.* Aussi les intervalles qu'ils forment n'ont pas de dénominations consacrées et nous ne nous arrêterons pas à les énumérer.

§12.— En tant qu'unité harmonique, le système général n'est pas susceptible d'application pratique. Jamais la totalité de ses éléments sonores n'est appelée à fonctionner au même moment; lorsqu'on tente de disposer sous forme d'échelle les 31 sons compris dans l'Octave (voir plus haut p. 4), il se produit une suite d'intonations aussi impossibles à rendre par un instrument que par la voix humaine. Cette collection générale des sons musicaux ne s'emploie que par séries partielles, par des systèmes fragmentaires, embrassant un nombre déterminé de Quintes, pris à un endroit quelconque de la série entière.

A. Il existe deux systèmes de cette espèce, auxquels nous donnerons le nom de *primaires*. Le premier et le principal est le *diatonique, dont le domaine entier se resserre dans une série de sept sons* (6 Quintes) c'est-à-dire dans un intervalle de triton (ou de fausse-quinte).

Exemples: la♭ _ mi♭ _ si♭ _ fa _ ut _ sol _ ré
fa _ ut _ sol _ ré _ la _ mi _ si
ré _ la _ mi _ si _ fa♯ _ ut♯ _ sol♯.

Le second est le *chromatique, lequel parcourt une série de douze sons* (11 Quintes), limitée par l'intervalle de tierce augmentée (ou de sixte diminuée).

Exemples: sol♭_ré♭ _ la♭ _ mi♭ _ si♭ _ fa _ ut _ sol _ ré _ la _ mi _ si
fa _ ut _ sol _ ré _ la _ mi _ si _ fa♯_ ut♯_ sol♯_ ré♯_ la♯.

Tous les sons de chacun des deux systèmes étant disposés en forme d'échelle, on voit se produire les deux types caractérisés de succession mélodique: *l'échelle diatonique, procédant par secondes majeures et mineures; l'échelle chromatique, procédant par secondes mineures et demi-tons chromatiques.*

B. Notre art polyphone a produit en outre deux systèmes *secondaires ou dérivés:* en premier lieu un *système mixte, diatonique mêlé de chromatique, auquel appartient le Mineur moderne;- son domaine entier embrasse dix sons* (9 Quintes).

Exemples: la♭ _ mi♭_ si♭ _ fa _ ut _ sol _ ré _ la _ mi _ si
fa _ ut _ sol _ ré _ la _ mi _ si _ fa♯_ ut♯_ sol♯.

Enfin au cours du XIX⁰ siècle s'est produit un *chromatique* que nous appellerons *intégral, s'étendant jusqu'à dix-sept sons* (16 Quintes); plus de la moitié du système général. C'est la plus grande unité harmonique régulièrement réalisable dans la pratique actuelle.

Exemples: sol♭_ré♭_la♭_mi♭_si♭ _ fa_ut _ sol_ré_la_mi_si _ fa♯_ut♯_sol♯_ré♯_la♯
fa _ ut _ sol_ ré _ la _ mi_si _fa♯_ut♯_sol♯_ré♯_la♯_mi♯_si♯_fa×_ut×_sol×.

Les deux systèmes dérivés ne réunissent pas la totalité de leurs sons dans une seule et même formule mélodique: le mode mineur polyphone compte trois gammes différemment échelonnées, le chromatique intégral en exhibe six.

§ 13. — *Toutes les variétés du chromatique ont pour origine commune le diatonique, la mélodie universelle du genre humain,* indépendante de toute culture musicale et antérieure à elle, la seule musique que l'antiquité ait transmise directement aux peuples occidentaux par le chant de l'Eglise latine.

Les Grecs ont cultivé un chromatique embryonnaire (il n'embrassait que 9 Quintes): les récentes découvertes nous en ont fait connaître quelques menus spécimens. Mais ce genre de mélopée a disparu avant la fin de l'Empire romain.

L'homophonie diatonique sur laquelle les contrepointistes du moyen âge ont laborieusement édifié notre art polyphone, possédait une grande variété de Types mélodiques, de modes, différenciés par leurs cadences finales, par leurs accents spéciaux. Sous la puissante action unificatrice de l'harmonie simultanée ce particularisme musical a disparu peu à peu: les modes antiques ont été, non pas anéantis, mais absorbés par la nouvelle centralisation modale. Bien que réduits aujourd'hui à un rôle subalterne, ils font sentir leur influence dans tous les styles musicaux plus ou moins apparentés à l'art ecclésiastique (se rappeler les admirables chorals de J. S. Bach); ils subsistent même, représentés par leurs harmonies fondamentales, dans l'organisme radical de notre tonalité polyphone.

Une connaissance suffisante des nombreuses échelles diatoniques dont la fusion a produit le système tonal de la musique moderne est conséquemment l'introduction indispensable à une étude approfondie de l'harmonie simultanée.   19669 B.

DEUXIÈME ÉTUDE

Le diatonique dans la musique homophone

PREMIÈRE SECTION

Les échelles du diatonique ordinaire ou heptaphone

§ 14 — Les sept sons situés au centre de la série générale des sons musicaux (§ 10, A), et désignés par des notes sans aucun signe altératif,

FA   UT   SOL   RÉ   LA   MI   SI

forment la série modèle du diatonique, laquelle comporte vingt-quatre déplacements ou *transpositions* dans l'étendue entière du système général. De ces 24 transpositions, 14, tout au plus, sont réellement en usage de notre temps. La série diatonique se déplace sept fois, de Quinte en Quinte, dans la direction des dièses, et autant de fois, Quarte par Quarte, dans la direction des bémols.

	1	2	3	4	5	6	7
7 dièses:	*fa*♯	*ut*♯	*sol*♯	*ré*♯	*la*♯	*mi*♯	*si*♯
6 dièses:	*si*	*fa*♯	*ut*♯	*sol*♯	*ré*♯	*la*♯	*mi*♯
5 dièses:	*mi*	*si*	*fa*♯	*ut*♯	*sol*♯	*ré*♯	*la*♯
4 dièses:	*la*	*mi*	*si*	*fa*♯	*ut*♯	*sol*♯	*ré*♯
3 dièses:	*ré*	*la*	*mi*	*si*	*fa*♯	*ut*♯	*sol*♯
2 dièses:	*sol*	*ré*	*la*	*mi*	*si*	*fa*♯	*ut*♯
un dièse:	*ut*	*sol*	*ré*	*la*	*mi*	*si*	*fa*♯
Série modèle:	**FA**	**UT**	**SOL**	**RÉ**	**LA**	**MI**	**SI**
un bémol:	*si*♭	*fa*	*ut*	*sol*	*ré*	*la*	*mi*
2 bémols:	*mi*♭	*si*♭	*fa*	*ut*	*sol*	*ré*	*la*
3 bémols:	*la*♭	*mi*♭	*si*♭	*fa*	*ut*	*sol*	*ré*
4 bémols:	*ré*♭	*la*♭	*mi*♭	*si*♭	*fa*	*ut*	*sol*
5 bémols:	*sol*♭	*ré*♭	*la*♭	*mi*♭	*si*♭	*fa*	*ut*
6 bémols:	*ut*♭	*sol*♭	*ré*♭	*la*♭	*mi*♭	*si*♭	*fa*
7 bémols:	*fa*♭	*ut*♭	*sol*♭	*ré*♭	*la*♭	*mi*♭	*si*♭

Dans notre exposition théorique des échelles modales, nous désignerons les sept sons d'une série diatonique quelconque par les sept syllabes de la série modèle.

§ 15 — Si nous analysons, au point de vue harmonique, les intervalles mélodiques et les accords élémentaires contenus dans chaque série diatonique, nous trouvons tout d'abord (outre les sept Octaves données par le redoublement aigu des sept sons de la série):

les six consonances absolues
de Quinte

les six consonances absolues
de Quarte

[ut / fa] [sol / ut] [ré / sol] [la / ré] [mi / la] [si / mi] | [mi / si] [la / mi] [ré / la] [sol / ré] [ut / sol] [fa / ut]

ensuite les agrégations suivantes, issues d'un enchaînement de Quintes ou de Quartes :

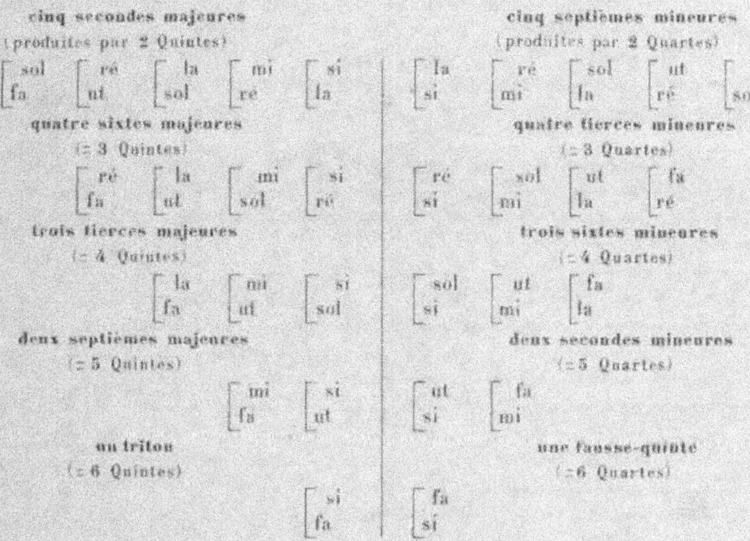

A. Les conjonctions de *trois* et de *quatre* Quintes ou Quartes engendrent les consonances géminées de *tierce* et de *sixte*. Les enchaînements de *deux* et de *cinq* Quintes ou Quartes engendrent les intervalles majeurs et mineurs de *seconde* et de *septième*, dissonants en harmonie simultanée; *les dissonances diatoniques se produisent uniquement entre deux sons qui, dans l'échelle mélodique sont contigus ou peuvent l'être*. Il est à remarquer que l'addition de 3 et 4 (nombres des consonances), comme celle de 2 et 5 (nombres des dissonances), donne *sept*, nombre total des sons de la série diatonique.

Les tierces et sixtes majeures et mineures issues d'une progression de Quintes rigoureusement justes n'ont pas les mêmes rapports acoustiques que les tierces et sixtes consonantes fournies par la résonance naturelle des cordes et des tuyaux (§ 6): celles-ci seules ont les vrais rapports. Quant aux premières, elles s'écartent sensiblement de la parfaite justesse. La différence entre les deux catégories d'intervalles, *une vibration sur 80*, est facilement appréciable à l'oreille, mais sans conséquence dans la pratique. En effet les tierces et sixtes dites *tempérées*, que nous font entendre nos instruments, forment une troisième catégorie d'intervalles, *intermédiaire entre les deux précédentes*; or notre sentiment harmonique, plus attentif à suivre le contexte musical de l'œuvre exécutée qu'à contrôler la justesse des intervalles, s'accommode parfaitement de ces consonances approximatives. Il y a même lieu de remarquer que la musique moderne y a trouvé une source d'effets sensationnels. Conclusion: l'élève n'a pas à se préoccuper de la différence acoustique qui existe entre les trois espèces de tierces.

12

B. Le triton et la fausse-quinte donnent lieu à plusieurs observations intéressantes. 1º Ce couple d'intervalles, embrassant toute l'étendue de la série diatonique, et n'y figurant en conséquence qu'une seule fois, suffit par lui-même à dénoncer l'échelle tonale dont il fait partie. 2º En tant qu'accords, la fausse-quinte et le triton forment une catégorie à part. On ne peut évidemment pas les ranger parmi les consonances. Mais on ne peut davantage les tenir pour dissonants, puisque en diverses circonstances, ainsi qu'on le verra plus tard, ils prennent place, *sans se faire remarquer*, dans des successions d'accords consonants. Ce sont des *accords neutres*, ou, si l'on veut, des *demi-conso-nances* (les Anciens mettaient le triton parmi les *paraphones*, terme qui a un sens analogue). 3º *La fausse-quinte joue un rôle des plus importants et des plus caractéristiques dans la constitu-tion du matériel polyphone de notre art européen.*

§ 16. Le système diatonique a été nommé ainsi par les anciens Hellènes (*diatonon*, qui pro-cède par intervalles de ton²), parce que, ses sons étant disposés en échelle ascendante ou descen-dante dans le parcours d'une octave, *cinq fois sur sept la distance de deux échelons consécutifs est d'une seconde majeure; deux fois seulement elle est d'une seconde mineure, d'un demi-ton diatonique.*

En partant successivement de chacun des sept sons de la série diatonique, et en montant gra-duellement jusqu'à son octave aiguë, on obtient *sept types mélodiques qui diffèrent entre eux par la place qu'y occupent les deux intervalles de demi-ton, séparés alternativement par trois et par deux intervalles de ton.* Le mode de construction de ces échelles d'Octave est des plus simples. En voici la formule théorique pour les échelles ascendantes: *A partir du son choisi, avancez vers la droite, de deux en deux Quintes, quand et autant de fois vous le pourrez; lorsque vous en êtes empêché, ré-trogradez de cinq Quartes, et continuez ce va-et-vient jusqu'à ce que vous retombiez sur votre son initial.* Pour la descente le procédé sera nécessairement inverse: en partant de l'Octave on retro-grade de deux Quartes, s'il y a moyen; sinon on avance de cinq Quintes, et l'on renouvelle ce manège jusqu'à ce qu'on rencontre le son dont on est parti.

FORMATION DES SEPT TYPES D'OCTAVES DIATONIQUES

(+ signifie *à droite*, — signifie *à gauche*)

1) FA sol la si ut ré mi FA mi ré ut si la sol FA.

2) UT ré mi fa sol la si UT si la sol fa mi ré UT

3) SOL la si ut ré mi fa SOL fa mi ré ut si la SOL

4) RÉ mi fa sol la si ut RÉ ut si la sol fa mi RÉ

5) LA si ut ré mi fa sol LA sol fa mi ré ut si LA

6) MI fa sol la si ut ré MI ré ut si la sol fa MI.

7) SI ut ré mi fa sol la SI la sol fa mi ré ut SI.

§ 17. L'Octave, cadre des échelles précédentes, n'ayant que la valeur d'un son unique (§ 7, A) ne peut, étant isolée, donner à chacune d'elles une assise harmonique. Pour en faire des organismes musicaux, des *échelles modales*, il a fallu leur ménager, vers le milieu du parcours mélodique, un point de repère consonant, en incorporant la Quinte dans l'Octave, ce qui a eu pour effet d'amener à l'aigu la consonance complémentaire de Quarte . Réunies ainsi en un tout bien équilibré , dont le modèle est donné par le phénomène physique (§ 6) , les trois consonances absolues constituent, d'après la belle expression d'Aristote, le *corps de l'harmonie* [1], la charpente solide de l'édifice mélodique . Cette structure consonante se révèle dans le dessin de la cantilène par le retour périodique et très apparent des deux sons de la Quinte constitutive: le plus aigu des deux, la *dominante*, fournit à la phrase mélodique ses arrêts suspensifs, ses demi-repos; le son grave, la *fondamentale*, lui donne sa terminaison normale . Le mécanisme harmonique qui vient d'être décrit produit *six échelles modales correspondant aux six Quintes contenues dans la série diatonique* (§15) : 1 FA-ut , 2 UT-sol, 3 SOL-ré, 4 RÉ-la, 5 LA-mi, 6 MI-si .

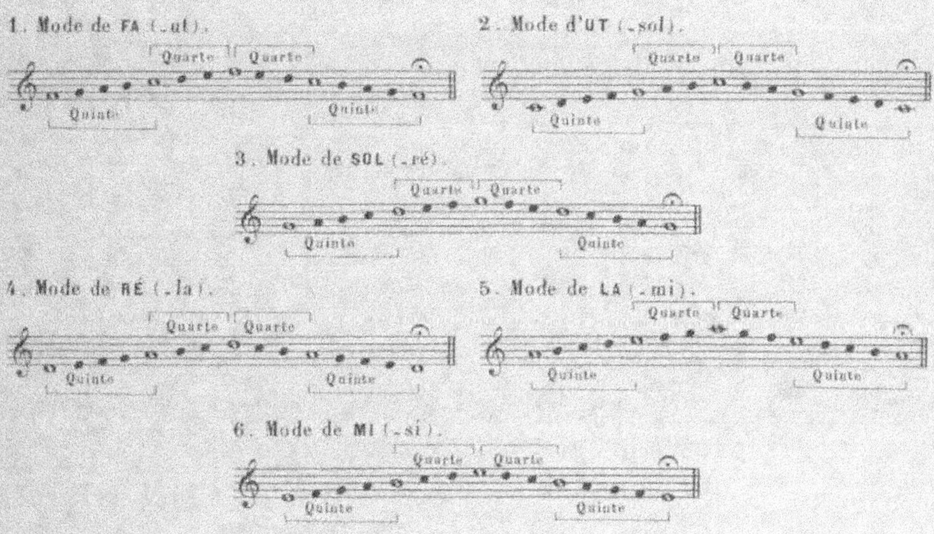

§ 18 . — De ces six échelles modales *la théorie harmonique des modernes n'a retenu que le Nº 2* (UT-sol) *(identique à notre gamme majeure; et, par exception, le Nº 5* (LA-mi) *comme forme descendante de la gamme mineure.* Mais toutes les six sont restées en usage jusqu'à ce jour, non-seulement dans le chant liturgique de l'Église latine , mais encore dans la musique homophone des peuples européens et exotiques anciennement civilisés. Parfois même des maîtres modernes se sont essayés à les traiter en style polyphonique. Les types mélodiques dont nous pouvons constater l'usage dès une période très reculée sont (pour les nommer dans l'ordre de leur importance historique) les Nº 6,5, 3 et 1, les harmonies fondamentales de la musique grecque. Une courte revue des six modes, appuyée d'un petit nombre d'exemples, suffira pour donner une idée nette de leur allure mélodique et de leurs différences caractéristiques aux jeunes musiciens restés sans contact avec les antiques cantilènes de l'Église chrétienne .

---

[1] *Problèmes musicaux d'Aristote,* p 145

§ 19. — Le mode de FA-ut (N° 1), le cinquième du chant liturgique des Occidentaux, l'harmonie *hypolydienne* de la musique gréco-romaine, est, pour le musicien moderne, un Majeur dont le IVᵉ degré fait triton avec la tonique. On pourrait dire: une gamme majeure à laquelle il manque un bémol ou qui a un dièse en trop.

Il n'en est pas resté de spécimens remontant à l'époque païenne; les plus anciens sont du VIᵉ ou du VIIᵉ siècle de notre ère. [1]

Ex. 1

Antienne à Laudes et à Vêpres
du IIIᵉ Dimanche de l'Avent.

Une réminiscence de ce mode ecclésiastique se rencontre dans une des dernières et des plus géniales œuvres de Beethoven. L'harmonisation de la cantilène est strictement diatonique.

Ex. 2

dans le Quatuor op. 132.

Enfin le même type mélodique (probablement suggéré par l'échelle acoustique des instruments de l'espèce "cor") se constate dans le fameux air des montagnards suisses, le *Ranz des Vaches*.

Ex. 3

d'après J.J. Rousseau.
Dictionnaire de musique.

§ 20. — Le mode d'UT-sol (N° 2), notre échelle majeure, est étranger à la théorie modale des musicistes antiques, ainsi qu'aux chants primitifs de l'Antiphonaire romain. Il dérive historiquement du mode de FA, par l'adoucissement du IVᵉ degré de l'échelle modale (si♯ converti en si♭), modification devenue usuelle dès le Xᵉ siècle [2]. A la fin du moyen âge le mode majeur, *pleinement émancipé quant à son individualité mélodique*, se substitue à l'agreste mélopée hypolydienne, et est assigné comme elle au cinquième mode liturgique.

---

[1] F.A.G., *la Mélopée antique dans le chant de l'Église latine*, (Gand, Hoste, 1895), p. 562 et suiv.

[2] *Mélopée ant.*, p. 150.

Ex. 4

Ex. 5

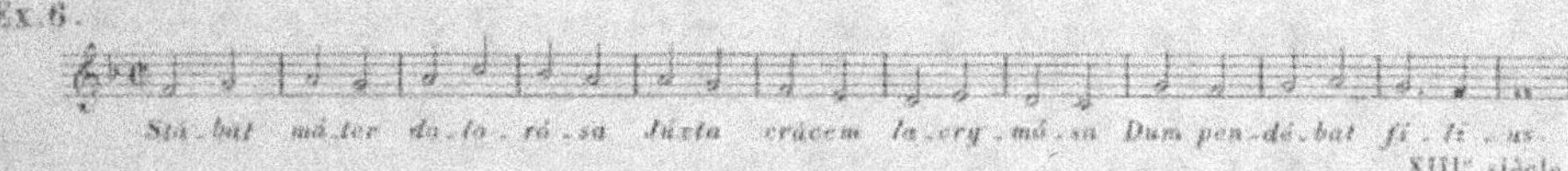

La doctrine ecclésiastique du chant homophone distingue deux types de mélodies. Celles dont le parcours est approximativement conforme à celui de l'échelle modale, et qui se meuvent en conséquence entre la fondamentale et son Octave aiguë, sont dites *normales* ou *authentes*, tandis qu'on appelle *plagales* (les Anciens disaient *relâchées*) les cantilènes qui descendent jusqu'à la Quarte au-dessous du son final de la mélodie. Celles-ci étaient tenues pour moins nobles d'expression. Les mélodies plagales du mode d'UT sont attribuées au sixième mode liturgique.

Ex. 6.

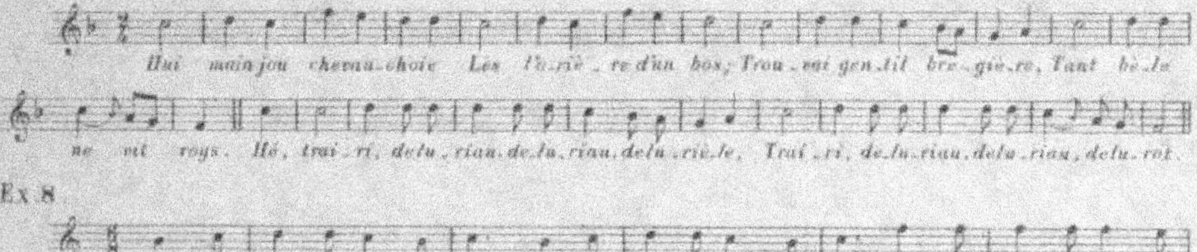

Dans la musique populaire notre Majeur prend le pas sur les modes anciens à partir du XIII° siècle. Au temps de saint Louis, le bossu d'Arras, Adam de le Hale, compose en majeur les jolies ariettes du *Jeu de Robin et Marion*, mélodies qui ont une saveur presque moderne.

Ex. 7

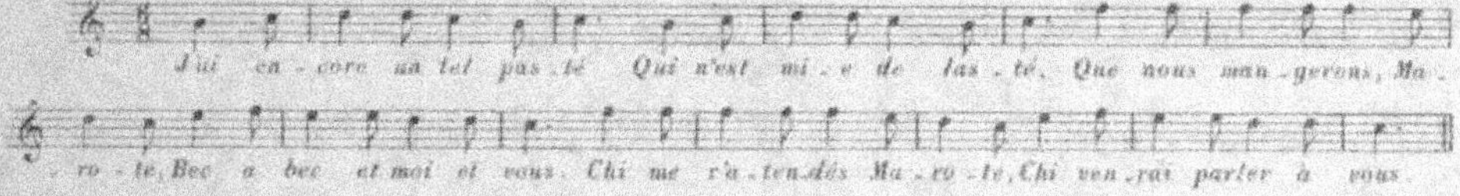

Ex. 8

§ 21 — Le mode de **SOL** - ré (N°3) l'*iastien* ou *hypophrygien* des Grecs, est, à l'oreille du musicien moderne, un Majeur qui, à la place de la note sensible, fait entendre un VII° degré situé à la seconde majeure au-dessous de la tonique. Il pourrait se définir aussi : une gamme majeure à laquelle il manque un dièse ou qui a un bémol de trop. L'absence de note sensible est un trait que ce mode partage avec les trois qui vont suivre (RÉ, LA, MI).

L'iastien comporte les deux types dont il a été parlé plus haut. Le *normal* (ou *authente*), la mélopée des chants scéniques de la tragédie hellénique, correspond au septième mode du chant ecclésiastique.

Ex. 9.

Quant à l'*iastien relâché*, le huitième mode de l'Église latine, il est représenté dans les maigres restes de l'art antique par un chant assez étendu: un *hymne à Némésis*, œuvre d'un poète-citharède de l'époque des Antonins. En voici la première phrase mélodique:

Ex. 10.

Le début musical d'une célèbre hymne ambrosienne rappelle celui de l'hymne païen du II° siècle.

Ex. 11.

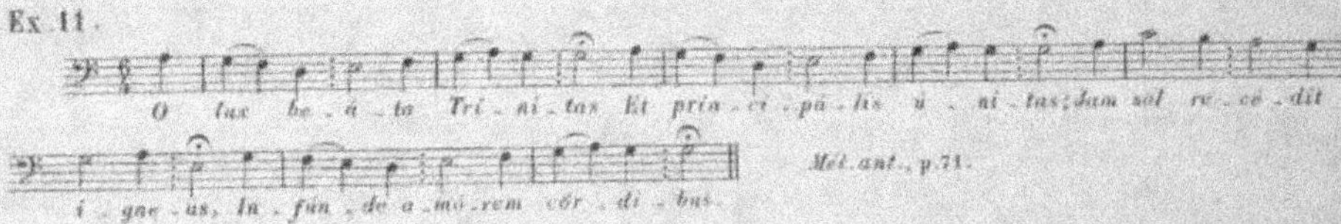

On ne peut considérer la mélopée iastienne comme entièrement éteinte chez les races de l'Europe vouées au culte de leurs traditions. Des cantilènes du mode de SOL se rencontrent parmi les vieux airs des pays slaves et celtiques et même chez nos populations rurales.

Ex. 12. Chanson slave de la Lusace.

§ 22. — Le mode de RÉ-la (N° 4) se définit au point de vue moderne : une échelle mineure sans note sensible et dont le VI° degré forme sixte majeure avec la tonique. Il ne figure ni parmi les harmonies antiques, ni parmi les cantilènes primitives de l'Église chrétienne, et doit son origine à une altération du mode de LA (§ 23), dont le VI° degré a été haussé chromatiquement. [1]

Les mélodies liturgiques du mode de RÉ, peu nombreuses et toutes postérieures à l'époque de Charlemagne, ont été jointes à celles de LA dans le premier mode ecclésiastique.

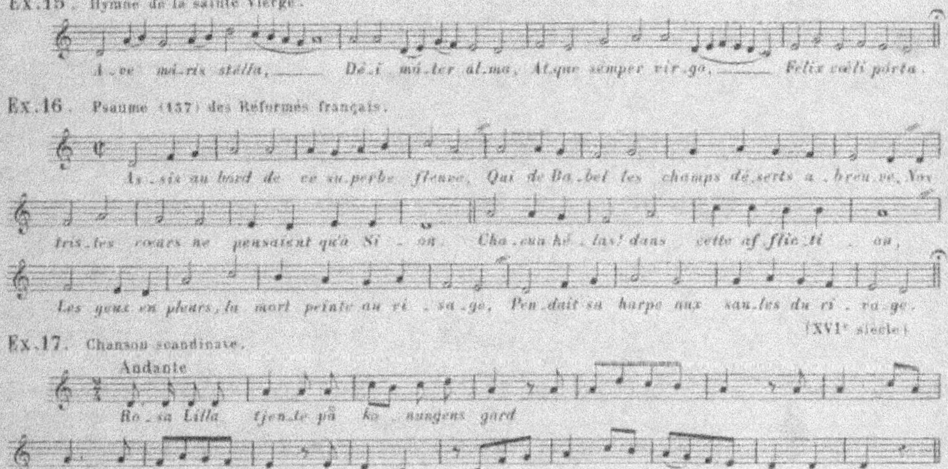

§ 23. — Le mode de LA-mi (N° 5), l'*éolien* ou *hypodorien* des Grecs, et leur seconde harmonie autochthone, le premier mode du chant de l'Église latine, est la seule Octave modale des Hellènes qui ait gardé une place visible dans notre musique polyphone. L'échelle diatonique de LA nous a donné la plus naturelle des formules descendantes de la gamme mineure.

Parmi les restes de l'art gréco-romain qui nous sont parvenus dans leur notation propre, le mode hypodorien n'est représenté (abstraction faite d'une mélodie de Pindare, encore sujette à discussion) que par de minuscules fragments d'une Méthode élémentaire composée à l'usage des citharistes commençants. En revanche il a fourni à l'Antiphonaire romain plusieurs de ses plus beaux thèmes mélodiques, lesquels ont été plus tard reproduits et développés dans les chansons du moyen âge, dans les chorals de la Réforme, et en dernier lieu, probablement, dans un refrain resté populaire en France jusqu'à la chute des Bourbons. C'est vers 1600 que le mineur diatonique et homophone, altéré par la polyphonie instrumentale, a cessé d'inspirer de nouvelles productions.

Ex.18. Prélude, suivi d'un exercice de rythme.

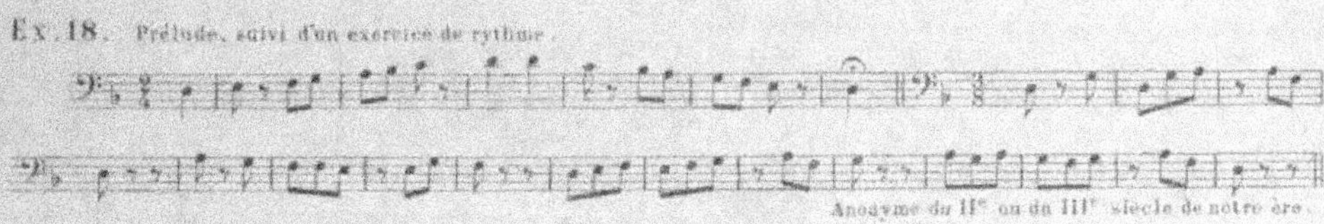

[1] *Mél. ant.*, p. 92-93.

Ex. 19. Antienne de l'Avent.

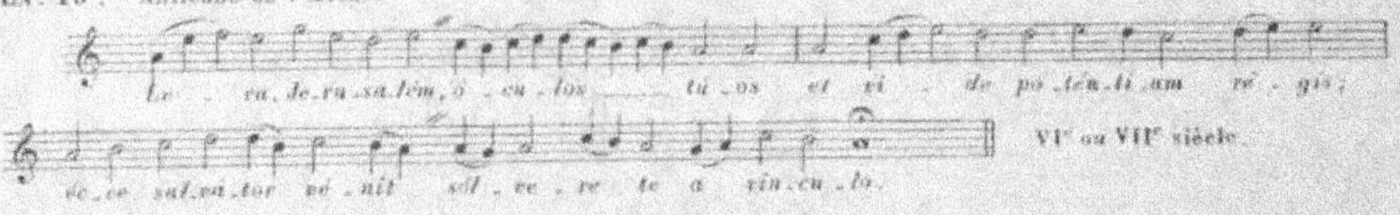

VIe ou VIIe siècle.

Ex. 20. Chanson du XVe siècle.

Gaston Paris et F. A. Gevaert.
12 volume de la *Collection des Anciens textes français*.

Ex. 21. Choral luthérien.

Pris à une hymne catholique:
Christe qui lux es et dies.

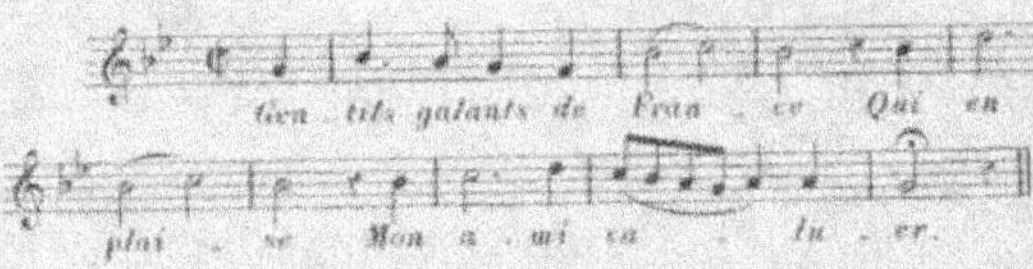

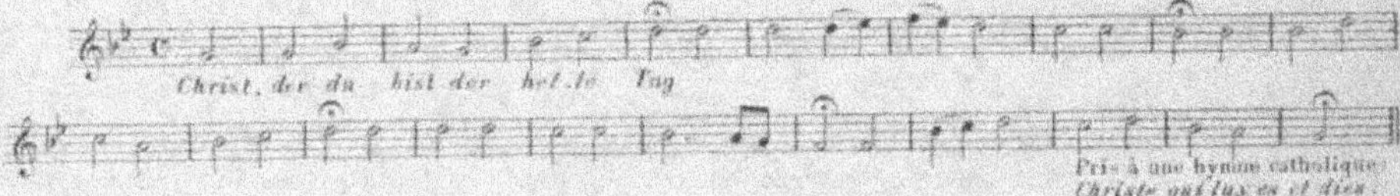

Ex. 22.

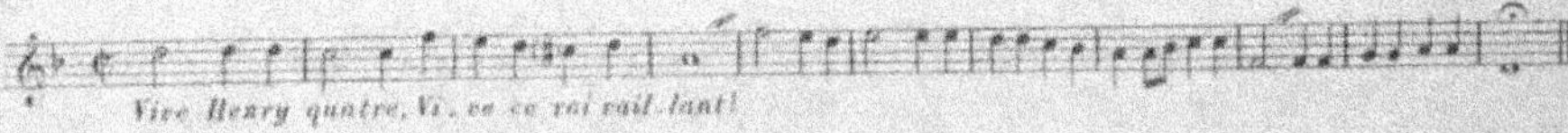

§ 24. — La dernière des échelles modales diatoniques, celle de Mi-si (N° 6), l'antique mode *dorien*, le troisième du chant de l'Église latine, est, dans la conception moderne, un Mineur diatonique dont le deuxième degré ne se trouve qu'à un demi-ton au-dessus de la tonique.

Cette mélopée austère et rude, expression des plus hautes vertus morales selon les philosophes, était pour les anciens Hellènes ce qu'est pour nous la gamme majeure: l'échelle fondamentale du système musical, l'Octave commune. En effet presque tous les restes antiques de musique vocale actuellement connus sont du mode dorien. Nous constatons par l'analyse mélodique des hymnes païens de l'époque romaine que la structure harmonique de la *Doristi* s'est continuée sans changement dans les cantilènes chrétiennes du troisième mode ecclésiastique.

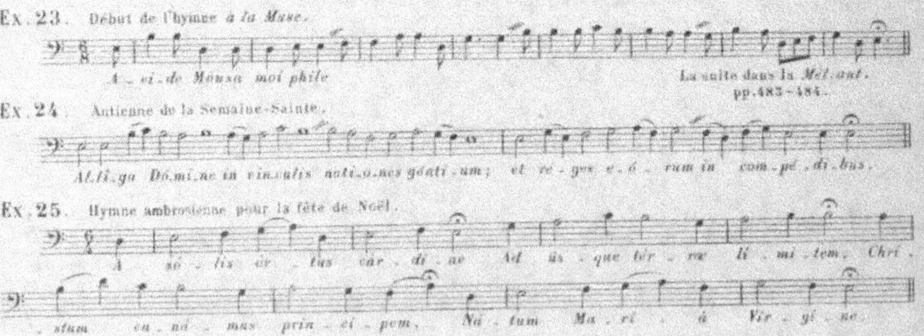

Ex. 23. Début de l'hymne *à la Muse*.

La suite dans la *Mél. ant.* pp. 483-484.

Ex. 24. Antienne de la Semaine-Sainte.

Ex. 25. Hymne ambrosienne pour la fête de Noël.

La structure harmonique du mode n'est pas devenue méconnaissable par la modification qu'on y a introduite vers le Xe siècle, afin d'éviter le *diabolique triton*. [1] Mais dès les premiers essais de chant polyphone, l'échelle modale MI passe à l'arrière-plan et apparaît très rarement dans les productions de la muse profane. Une chanson telle que la suivante peut être classée parmi les raretés.

Ex. 26. Mélodie flamande du XVe siècle.

Les cantiques protestants du XVIe et du XVIIe siècle nous offrent les plus récents exemples de mélodies d'une belle venue composées dans le vénérable mode des vieux Hellènes.

Ex. 27. Choral de Luther.

§ 25 A   La septième octave diatonique, SI, n'ayant pas de quinte consonante vers l'aigu, ne saurait constituer une échelle modale posée sur sa base harmonique (§ 16 et 17). Mais dans l'antiquité certains types mélodiques fort usités se terminaient, non pas sur leur fondamentale harmonique, mais sur leur dominante inférieure. Ils appartiennent, selon la théorie grecque, à une catégorie d'échelles modales qui, au lieu de la *disposition directe* (Quinte au grave, Quarte à l'aigu), exhibaient la *disposition inverse* (Quinte à l'aigu, Quarte au grave). De ce nombre était l'Octave de SI, dite *mixolydienne* (si-MI-si), la mélopée des plaintes et des pleurs, propre à la tragédie. Elle partageait sa fondamentale MI avec le mode dorien, sur la dominante inférieure duquel elle effectuait sa cadence finale.

Aucun spécimen de ce mode, ni des deux suivants, ne se trouve parmi les restes de l'art antique ou dans les chants de l'Église.

Ex. 28 (hypothétique)

B. Une seconde octave modale de même structure consonante et mélodique était la *lydienne* (ut-FA-ut), consacrée aux chants d'un caractère tendre ou gracieux.

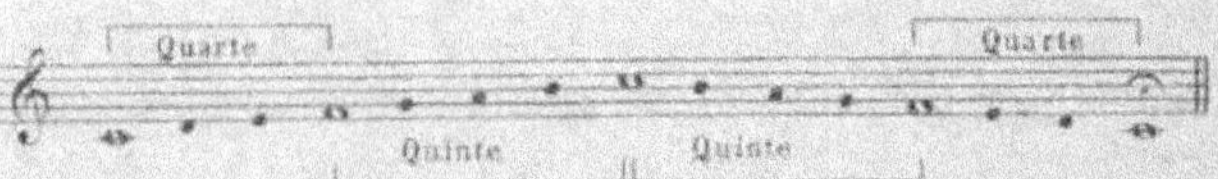

Considérée au point de vue harmonique, cette succession de sons est pour nous une échelle de FA, hypolydienne (§ 19), montant jusqu'à sa dominante aiguë et descendant à la dominante grave, sur laquelle se fait la terminaison mélodique.

L'homophonie médiévale, à défaut de documents antiques, nous a fourni un spécimen de cette mélopée.

Ex. 29. Chanson du XVᵉ siècle.

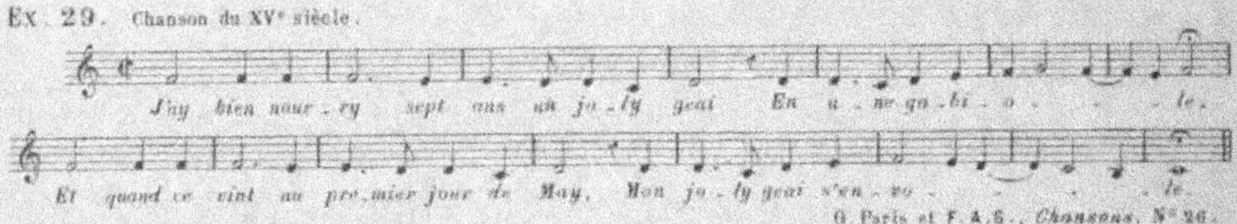

C. La troisième octave modale qui présentait la disposition inverse de ses consonances constitutives était la *phrygienne* (ré-SOL-ré), la mélopée dionysiaque et enthousiaste.

Un harmoniste moderne ne peut voir dans cette suite de sons qu'une échelle *iastienne* ou *hypophrygienne* (§ 21) s'étendant à l'aigu jusqu'à la dominante et finissant sur la dominante grave.

Ex. 30. Chant des Juifs du rite espagnol.

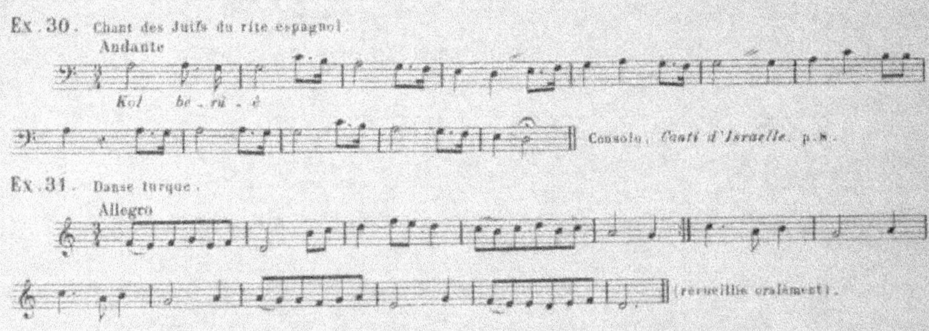

Ex. 31. Danse turque.

D. Enfin une quatrième octave modale, la *dorienne*, l'échelle commune de la musique gréco-romaine, admettait, à côté de la disposition directe de ses consonances constitutives (MI-si-MI), dont nous avons donné plusieurs exemples ci-dessus (§ 24), la disposition inverse (mi-LA-mi).

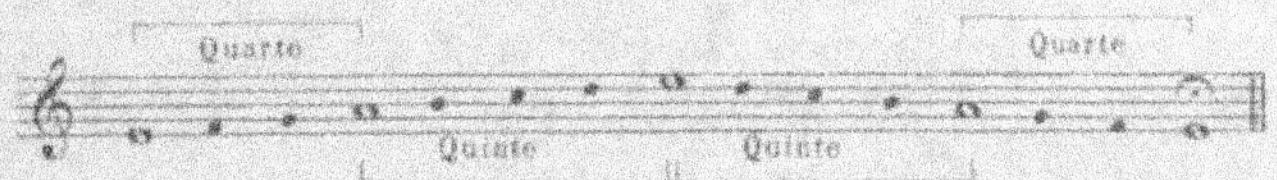

En d'autres termes, et pour nous exprimer en langage moderne, la finale mélodique du mode dorien, MI, était apte à revêtir deux qualités harmoniques: tantôt elle faisait fonction de tonique (§ 24), tantôt elle n'avait en réalité que la valeur d'une dominante de LA. En effet l'échelle notée ci-dessus n'est pour un harmoniste moderne que l'interversion de la gamme du Mineur diatonique, de l'Octave hypodorienne (§ 23).

Nous avons des spécimens de cette seconde structure consonante de l'Octave dorienne dans les restes authentiques de l'art grec. Il en subsiste aussi des vestiges dans certaines très anciennes cantilènes liturgiques.

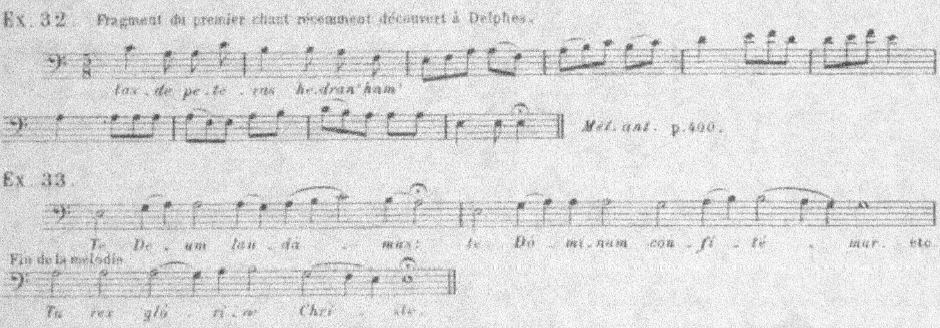

Ainsi qu'on le voit dans ce dernier exemple, le mode dorien pouvait se montrer successivement sous son double aspect, dans la même période mélodique. Trait caractéristique de l'art homophone: *l'échelle fondamentale de la musique gréco-romaine n'avait pas de tonique fixe.*

§ 26. — En résumé les Anciens n'attribuaient la double qualité de fondamentale harmonique et de finale mélodique qu'à quatre sons de la série-modèle du diatonique: MI, FA, SOL, LA. Ni RE, ni UT, ni à plus forte raison SI, n'étaient jamais fondamentales: *mais ils pouvaient être finales mélodiques, en qualité de dominantes.* En effet chacun des quatre sons fondamentaux produisait, à côté de sa propre échelle d'Octave, exhibant la disposition directe des deux consonances constitutives, une seconde échelle comprise entre la dominante grave et l'aiguë, et se terminant sur la dominante grave: disposition inverse. Or SI, UT, RE, sont les dominantes respectives de MI, FA, SOL. Quant à la dominante de LA, à savoir MI, finale du mode dorien, elle fait partie des deux catégories de sons; elle est tour à tour fondamentale et dominante (§ 25 D). Le tableau suivant fera voir d'un coup d'œil le mécanisme du système modal des musicistes gréco-romains. À l'instar des Anciens, nous écrirons l'échelle d'octave dans la direction descendante seulement, le mode étant caractérisé avant tout par sa cadence finale, normalement descendante.[1]

LES HUIT OCTAVES MODALES DES ANCIENS

L'homophonie liturgique et mondaine des peuples d'Occident n'a pas gardé, telle quelle, la pratique modale des musiciens gréco-romains. *Outre les quatre fondamentales harmoniques* (MI, FA, SOL, LA) *qu'elle a hérité d'eux, elle a acquis au cours des siècles obscurs* (VIIe *et* VIIIe) *deux fondamentales nouvelles,* UT *et* RE, *et complété ainsi la série des harmonies radicales du diatonique.* D'autre part, *elle a laissé de côté les formes modales se terminant sur la dominante,* sauf de rares exceptions: notamment celle qui a été signalée au § précédent pour le mode de MI.

SECONDE SECTION

Les échelles du protodiatonique ou diatonique pentaphone

§ 27. — Le diatonique heptaphone, dont nous nous sommes occupé jusqu'ici, était déjà connu des Grecs au VIIe siècle avant notre ère, et il remonte certainement plus haut. Toutefois il existe un système diatonique plus simple et, selon toute apparence, plus ancien, qui de nos jours encore se trouve répandu chez des peuples d'origine différente et de civilisation fort inégale: Mongols, Chinois, Japonais, aborigènes de l'Amérique, Celtes des Îles britanniques; on en rencontre même des exemples dans la musique moderne. Nous l'appellerons *protodiatonique* (c'est-à-dire diatonique primitif) ou diatonique *pentaphone* (à cinq sons).

§ 28. — *Il se produit par une série continue de cinq sons formant une progression enchaînée de quatre Quintes.* Comme précédemment, nous désignerons les sons par les syllabes de la série-modèle du diatonique, après en avoir retranché la première et la dernière note (FA et SI). Dans les échelles transposées, le dernier bémol et le dernier dièse de l'armure n'ont pas d'emploi réel.

			(1)	2	3	4	5	6	(7)
6	(5)	dièses:	(si)	fa♯	ut♯	sol♯	ré♯	la♯	(mi♯)
5	(4)	dièses:	(mi)	si	fa♯	ut♯	sol♯	ré♯	(la♯)
4	(3)	dièses:	(la)	mi	si	fa♯	ut♯	sol♯	(ré♯)
3	(2)	dièses:	(ré)	la	mi	si	fa♯	ut♯	(sol♯)
2	(1)	dièse:	(sol)	ré	la	mi	si	fa♯	(ut♯)
1	(0)	dièse:	(ut)	sol	ré	la	mi	si	(fa♯)
		Série modèle:	(fa)	**UT**	**SOL**	**RÉ**	**LA**	**MI**	(si)
1	(0)	bémol:	(si♭)	fa	ut	sol	ré	la	(mi)
2	(1)	bémol:	(mi♭)	si♭	fa	ut	sol	ré	(la)
3	(2)	bémols:	(la♭)	mi♭	si♭	fa	ut	sol	(ré)
4	(3)	bémols:	(ré♭)	la♭	mi♭	si♭	fa	ut	(sol)
5	(4)	bémols:	(sol♭)	ré♭	la♭	mi♭	si♭	fa	(ut)
6	(5)	bémols:	(ut♭)	sol♭	ré♭	la♭	mi♭	si♭	(fa)

§ 29. — *Un enchaînement de cinq sons disposés en Quintes exclut nécessairement du nombre de ses accords et intervalles les deux septièmes majeures et secondes mineures (demi-tons diatoniques) ainsi que la fausse-quarte (triton) et la fausse-quinte (§ 16). L'élimination de ces dissonances et demi-consonances a pour résultat de donner aux mélodies pentaphones une singulière douceur.*

§ 30. — *Les cinq échelles que l'on tire de la série pentaphone se composent de deux sortes d'intervalles consécutifs: des secondes majeures (ou intervalles de ton) et des tierces mineures. Pour établir les échelles on part successivement de chacun des cinq sons; on monte en procédant de deux en deux Quintes à droite, et, quand cela n'est plus possible, en rétrogradant de trois Quartes: l'on continue ainsi jusqu'à ce que l'on retombe sur le point de départ. On descend par le procédé inverse. Chacune des Octaves ainsi obtenues renferme trois intervalles de ton et deux tierces mineures: les cinq échelles peuvent se jouer sur les touches noires de notre clavier, si on les note par 5 dièses ou 5 bémols.*

FORMATION DES CINQ TYPES D'OCTAVES PROTODIATONIQUES

```
1)  UT    ré    mi    sol   la    UT    la    sol   mi    ré    UT
       +2    +2    −3    +2    −3    +3    −3    +3    −2    −2
2)  SOL   la    ut    ré    mi    SOL   mi    ré    ut    la    SOL
       +2    −3    +2    +2    −3    +3    −2    −2    +3    −2
3)  RÉ    mi    sol   la    ut    RÉ    ut    la    sol   mi    RÉ
       +2    −3    +2    −3    +2    −2    +3    −2    +3    −2
4)  LA    ut    ré    mi    sol   LA    sol   mi    ré    ut    LA
       −3    +2    +2    −3    +2    −2    +3    −2    −2    +3
5)  MI    sol   la    ut    ré    MI    ré    ut    la    sol   MI
       −3    +2    −3    +2    +2    −2    −2    +3    −2    +3
```

§ 31. — *Sauf cette dernière échelle, dont le son inférieur n'a pas de Quinte au-dessus d'elle, les Octaves protodiatoniques forment des successions mélodiques dont la structure consonante ne diffère en rien de celle des six harmonies du diatonique heptaphone (§ 17). Seule la décomposition mélodique des consonances diffère: la Quinte ne parcourt que quatre sons, la Quarte trois. Les quatre modes pentaphones exhibent fréquemment, à côté de la cadence finale, affirmative, sur la fondamentale, la terminaison suspensive sur la dominante inférieure.*

1. Mode pentaphone d'UT (—sol)

§ 32. — Le mode pentaphone d'UT-sol (N° 1) est un Majeur privé de son IV° degré et de sa note sensible. Sa mélopée tranquille et limpide qui, à l'occasion, sait prendre les accents les plus imposants, s'entend sur toute la surface du globe. On la trouve dans des centaines de vieux chants irlandais, écossais, gallois; de nos jours encore elle inspire beaucoup de mélodies pareilles.

On la rencontre même dans les œuvres du grand dramaturge musical de notre époque, où elle caractérise des êtres surnaturels appartenant à un monde de lumière et de beauté.

Ex. 34. Hymne religieux des Chinois.

Ex. 35. Chanson mongole: *"Mon cheval"*

On trouvera plus loin (ex. 104) l'harmonisation (heptaphone) de ce début imposant et tranquille.

§ 33. — Le mode pentaphone de **SOL**-ré (N° 2) étant privé d'un III° et d'un VII° degré produit sur l'oreille européenne une impression équivoque. Toutefois le sentiment du majeur prédomine, à cause du VI° degré qui fait sixte majeure avec la fondamentale.

Ce bizarre type mélodique ne s'est rencontré jusqu'à présent que parmi des races aussi éloignées de nous par la mentalité que par l'espace.

Ex. 43. Chanson des Iroquois.
Andante con moto.

Baker, *Musik der nordamerikanischen Wilden*, N° VI, p. 62.

Ex. 44. *Sute*, air (instrumental) japonais, terminaison sur la dominante aiguë.

Nagai, *Japanese popular music*, Osaka, 1893.

§ 34. — L'échelle pentaphone de **RÉ**-la (N° 3) ne contenant aucun des deux sons qui caractérisent pour nous le mode (la tierce et la sixte de la fondamentale), ne peut être attribuée ni au Majeur ni au Mineur. Cependant le manque d'une note sensible exclut chez le musicien européen l'idée du Majeur; de plus cette mélopée n'a rien de joyeux ni d'énergique, en sorte qu'elle éveille naturellement en nous le sentiment du Mineur.

Elle n'est pas uniquement propre aux pays exotiques; on la rencontre aussi dans les vieux chants de l'Irlande et de l'Écosse.

Ex. 45. *Kaónjong*, "le Prisonnier", mélodie javanaise; terminaison sur la dominante aiguë.
Andante

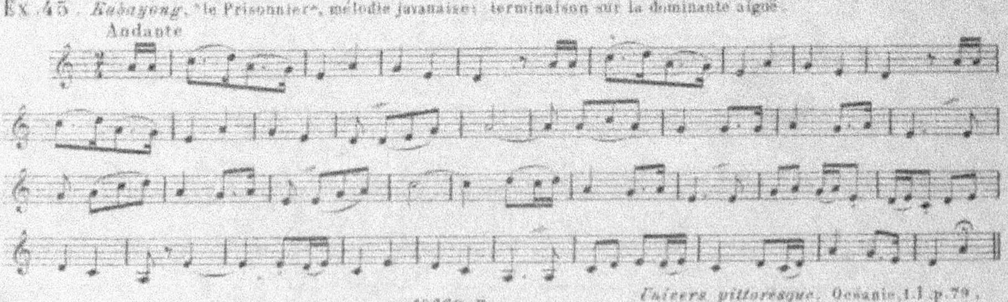

Univers pittoresque, Océanie, t. I, p. 79.

Ex. 46. *Tiagharna Mhaighe-eo*, air irlandais.

Andante espressivo.

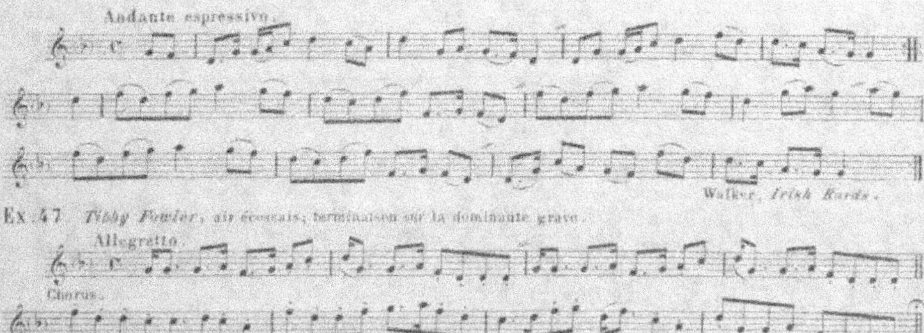

Walker, *Irish Bards*.

Ex. 47. *Tibby Fowler*, air écossais; terminaison sur la dominante grave.

Allegretto.

Chorus.

Johnson, *Scots musical Museum*. N° 440.

§ 35. — L'échelle pentaphone de LA-mi (N° 4), Mineur diatonique sans II° degré ni VI°, est, après celle d'UT-sol, la plus répandue dans les chants nationaux des peuples disséminés aux points opposés du globe. Elle n'a rien de bizarre. Sa mélopée douce et tranquille, mais ferme et parfois imposante, n'a aucun de ces accents plaintifs ou pathétiques, que le mélange du chromatique a introduits dans le Mineur moderne, lié à la polyphonie.

On rencontre des chants de ce mode pentaphone dans les vieilles mélodies des pays européens comme dans celles des plus lointaines contrées de l'Asie.

Ex. 48. Hymne chinois à Confucius.

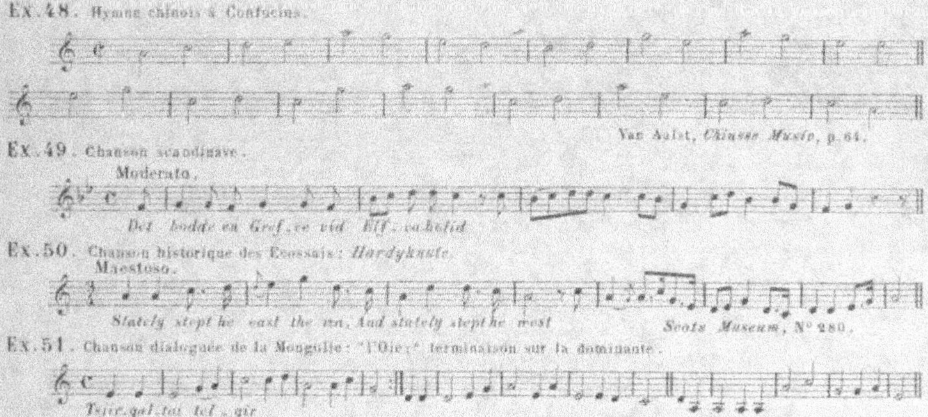

Van Aalst, *Chinese Music*, p. 64.

Ex. 49. Chanson scandinave.

Moderato.

Det bodde en Gref, re vid Elf, cabelid

Ex. 50. Chanson historique des Écossais: *Hardyknute*.

Maestoso.

Stately stept he east the wa, And stately stept he west

Scots Museum, N° 280.

Ex. 51. Chanson dialoguée de la Mongolie: "l'Oie," terminaison sur la dominante.

Tejir gal toi tel - gir

(communication privée d'un missionnaire)

§ 36. — L'analyse des échelles de la musique homophone nous a montré combien est grande la variété de mélodie, d'expression et d'accent, virtuellement contenue dans l'étroite série diatonique. Mais pour que cette variété devienne frappante à l'œil du musicien, il faut que l'on juxtapose toutes les échelles heptaphones et pentaphones, en maintenant, au moyen de la transposition, leur principale consonance constitutive à la même hauteur. C'est ce que nous avons fait dans le suivant tableau, où nous avons ramené tous les modes à une fondamentale unique: *fa*.

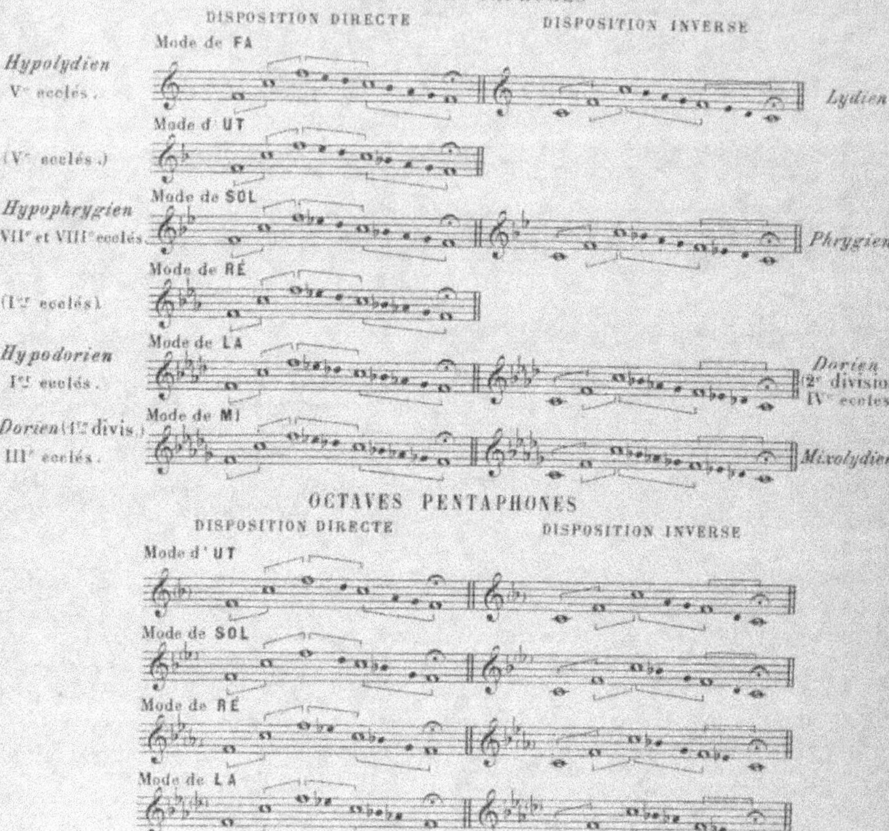

On voit clairement ici que *les trois consonances constitutives de l'échelle modale sont les colonnes de l'édifice harmonique, l'élément constant autour duquel tout se meut, tout change, tandis que lui seul reste immuable;* aussi les intervalles d'Octave, de Quinte et de Quarte n'ont-ils pas d'expression spéciale, selon Aristote: "les consonances" [absolues], dit-il "n'ont point d'*ethos.*" *C'est par le jeu de leurs degrés intérieurs, variables d'intonation, que les échelles se différencient* et deviennent aptes à traduire des états d'âme dissemblables. [1]

§ 37. — *Des cinq degrés mobiles de l'Octave heptaphone, le plus caractéristique est sans contredit l'échelon qui partage la Quinte modale en deux intervalles semblables, c'est-à-dire la tierce aiguë du son fondamental,* laquelle est tantôt *majeure* (modes de FA, d'UT, de SOL, tantôt *mineure* (modes de RÉ, de LA, de MI).

---

[1]   *Probl. mus. d'Aristote*, pp. 325-326.   19669. H.

Ex. 52.

Mode de FA   Mode d'UT

Mode de SOL

Mode de RÉ   Mode de LA

Mode de MI

La différence des deux tierces modales détermine dans le dessin mélodique son expression particulière: active ou passive, expansive ou contenue (§ 7, D). Elle exerce sur le sentiment moderne une action si puissante que toutes les autres distinctions ont été depuis longtemps laissées de côté comme négligeables. *Le musicien européen ne connaît plus que deux modes: le Majeur et le Mineur.*

En dépit de leurs classifications théoriques, les mélographes gréco-romains traitaient la tierce de la fondamentale du mode en guise de consonance mélodique, autrement dit comme son d'arrêt et de repos momentané.[1] Par un privilège significatif, la tierce majeure était même admise à faire fonction de finale mélodique dans deux variétés modales, l'une de l'hypolydien, l'autre de l'hypophrygien ou iastien.

Ex. 53 Petite mélodie instrumentale en *hypolydien* dit *intense*.

IIe ou IIIe siècle.

Ex. 54. Antienne en *iastien* dit *intense*.

VIIe siècle.

Mais ces faits de la pratique, si démonstratifs à nos yeux, restèrent sans conséquence pour le développement de l'art et ne paraissent pas avoir fixé l'attention des théoriciens.

De bonne heure les musicistes antiques de la lignée pythagoricienne avaient discerné dans les consonances absolues "le corps de l'harmonie," mais "l'âme," l'essence vitale de cette harmonie, leur resta toujours cachée. La révélation de l'harmonie intégrale et vivante ne fut pas le résultat de la réflexion philosophique, mais le fruit du labeur obscur et obstiné des déchanteurs et contrepointistes médiévaux. *En introduisant dans l'accord fondamental de Quinte la tierce, en conjoignant dans une seule et triple émission vocale la consonance absolue et la consonance expressive, ils créèrent l'accord parfait: ensemble sonore qui révèle à l'auditeur, dans une seule perception sensorielle, la structure harmonique et le sens expressif de la cantilène.*[2] *De cette découverte initiale sortit l'organisme entier de la polyphonie moderne,* à l'exposition duquel tout le reste de cet ouvrage sera consacré.

---

[1]   *Mél. ant.*, pp. 40, 98, etc.

[2]   *Probl. mus. d'Aristote*, p. 326.

TROISIÈME ÉTUDE

Le diatonique dans la musique polyphone

PREMIÈRE SECTION
Origines de l'harmonie moderne

§ 38. — La théorie esquissée dans les pages précédentes a résumé les lois générales qui ont régi _ et régissent encore _ la musique de tous les peuples arrivés à un certain degré de culture esthétique. La doctrine contenue dans la suite de cet écrit n'aura en vue que notre art européen tel qu'il s'est établi au XVIIe siècle, après avoir brisé ses dernières attaches avec le chant liturgique de l'Église latine, reste séculaire de la musique de l'antiquité païenne.

Le résultat final de la grande évolution musicale qui s'est produite dans l'Europe médiévale peut s'énoncer ainsi: l'accord, la consonance, fondement de la musique homophone et le ressort caché de son mécanisme, a paru au grand jour et est devenu le facteur le plus puissant d'un art sans précédent, sans modèle, insoupçonné de l'antiquité. Cette harmonie latente qui constitue au dedans de nous le sentiment musical, ce concert idéal que Platon entendait en imagination s'est converti en une réalité par l'effort obstiné d'une longue suite de générations.

§ 39. — On serait toutefois dans l'erreur en supposant que la musique homophone s'est, partout et toujours, conformée strictement à son nom. L'émission des trois consonances absolues, frappées en accord, n'a jamais été exclue de la pratique instrumentale. Déjà les fondateurs mythiques de l'art grec ont pratiqué une harmonie rudimentaire en ajoutant après coup une partie d'accompagnement au dessin mélodique. Cette partie instrumentale, *placée à l'aigu de la mélodie*, ne produisait avec celle-ci que des accords simples, de deux sons.

Un des instruments populaires dans l'antiquité, l'*aulos à deux tuyaux* (sorte de chalumeau) était voué au duo perpétuel; en effet il ne pouvait faire entendre les sons du tuyau aigu sans les accompagner d'une basse, ni ceux du tuyau grave sans leur associer une tenue à l'aigu.[1] Les instruments à cordes (lyres et cithares) étaient joués des deux mains par les artistes professionnels qui, à certains endroits de leurs morceaux, exécutaient *au dessus de la mélodie principale* une partie accessoire. Leurs procédés usuels d'accompagnement, _prolongation ou répercussion des cordes principales du mode, redoublement du dessin mélodique à la Quinte ou à la Quarte aiguë, _nous sont connus, du moins dans le mode fondamental de la musique grecque, le dorien.[2]

Accompagnement:
Mélodie principale:

De nos jours les chants de l'Église orientale ont un accompagnement vocal à l'aigu: *l'ison*, tenue sur la fondamentale harmonique du mode, exécutée par des voix d'enfant (Bourgault-Ducoudray, *Études sur la musique ecclésiastique grecque*, pp. 6-7).

---

[1] *Probl. mus. d'Aristote*, p. 125.

[2] *Ibid*, pp. 256-257.

§ 40. — Dans nos pays d'Occident on rencontre dès le X⁰ siècle un accompagnement vocal consistant dans la répétition continue de la fondamentale grave du mode (le sixième).

Ex. 55.

*La position de l'accompagnement au grave de la cantilène principale est devenue une règle
absolue dans la musique populaire des peuples occidentaux.* Deux vieux instruments restés
longtemps en faveur dans nos contrées, la *vielle* et la *cornemuse*, ont été imaginés spécialement en vue de faire entendre, sous la mélodie, une basse en bourdon, formée de la fondamentale harmonique, seule ou résonnant avec sa dominante aiguë. Beaucoup de cantilènes instrumentales de style homophone sont aptes à recevoir un tel accompagnement.

Ex. 56. Mode de LA (IX⁰ siècle., hypodorien)

On aperçoit sans peine, par les exemples qui précèdent, le mobile primitif qui fit découvrir cet accompagnement sommaire. Ce fut à la fois le besoin de guider l'intonation du chanteur dans l'exécution vocale, et de rappeler sans cesse au sentiment de l'auditeur la base
harmonique de la cantilène. [1]

---

[1] Les Arabes, en chantant leurs récits héroïques, s'accompagnent de la même manière sur une tenue du *rebab* (violon
rudimentaire). Les mélodies modernes de l'Inde anglaise ont un accompagnement semblable.

§ 41. — Notre opulente musique moderne n'a pas dédaigné d'emprunter à l'art des paysans et du peuple ce naïf procédé d'harmonisation, qu'elle pratique sous le nom de *Pédale simple* ou *Pédale double*, en la combinant le plus souvent avec les accords pleins, posés entre la mélodie mouvementée et la basse immobile.

Ex. 59.

A. Dans la pratique actuelle des harmonistes, comme sur les instruments populaires, la place régulière de la Pédale est à la partie inférieure de l'ensemble harmonique. *En principe la tonique ou la dominante peuvent s'ajouter, comme Pédale, au-dessous de tous les dessins mélodiques et de tous les accords du système tonal auquel elles appartiennent.* L'art moderne fait aussi entendre la Pédale à l'aigu, conformément au procédé des musiciens gréco-romains. Cette disposition a fourni à nos grands maîtres quelques-uns de leurs effets les plus frappants.

Ex. 64.

Ex. 65.

§ 42. — De ce qui précède on ne doit pas induire que notre art polyphonique soit sorti, par un développement lent et graduel, des essais rudimentaires d'accompagnement tels que la Pédale. Il procède d'un principe technique tout opposé. *Ses effets s'opèrent, non pas à l'aide de consonances simples s'immobilisant sous la cantilène, mais au moyen d'accords pleins, multiples, en mouvement continuel:* chez lui l'immobilité de la base harmonique est une exception. D'ailleurs l'emprunt signalé parait être le seul que les maîtres de la polyphonie occidentale aient fait à la pratique instrumentale des musiciens vulgaires.

A. *L'harmonie moderne doit son existence avant tout à l'art semi-ecclésiastique, semi-mondain des contrepointistes médiévaux: le chant à plusieurs mélodies simultanées.* Elle en a reçu les éléments fondamentaux de sa technique: les accords de trois sons avec leur premier renversement, les dissonances obtenues par prolongation ou retard, les règles essentielles concernant l'enchaînement des accords et les mouvements simultanés de leurs sons dans un ensemble vocal ou instrumental. Ces règles d'orthographe harmonique, déjà formulées dans des traités didactiques avant la fin du XVᵉ siècle, n'ont pas cessé d'être en vigueur jusqu'à ce jour.

L'époque de Palestrina (1554-1594) marque l'apogée de l'art du contrepoint vocal et clôt l'histoire de la polyphonie médiévale, qui se prolonge jusque là. Trois périodes sont à distinguer dans ce développement historique.

1° *Période embryonnaire* (Xᵉ et XIᵉ siècles; hommes célèbres: Hucbald, Guy d'Arezzo); *l'organum*, chants liturgiques au-dessous desquels on ajoute une partie vocale, soit en reproduisant le dessin mélodique à la Quinte ou à la Quarte, soit en répétant continuellement la fondamentale [1].

2° *Période de long et pénible enfantement* (XIIᵉ, XIIIᵉ et XIVᵉ siècles); le *déchant*, compositions ecclésiastiques et profanes à trois et à quatre voix, où les Octaves, les Quintes et les Quartes sont seules traitées en consonances, tandis que les tierces et les sixtes y figurent uniquement à titre de notes de passage, tout comme les secondes et les septièmes: musique effroyable, impossible à entendre aujourd'hui, et cependant vénérable et touchant témoignage des efforts obstinés de dix générations d'héroïques chercheurs engagés dans une région inconnue, sans guide, et s'acharnant à la poursuite d'un idéal vague mais fortement pressenti. Deux noms de cette époque ingrate méritent d'être retenus: Perrotin dit le Grand, créateur du déchant à plus de deux voix, maître de chant à Notre-Dame de Paris au XIIᵉ siècle; Adam de le Hale,

---

[1] *Mél. ant.*, p. 417 et suivantes. V. ci-dessus ex. 55.

le gracieux mélodiste artésien au XIIIe [1] (§ 20). Après deux cents ans, et plus, de tâtonnements dans les ténèbres, une grande lumière brilla soudain: les musiciens reconnurent la consonance des tierces, en dépit de Boèce, [2] et du même coup ils découvrirent *l'accord parfait*, le magique talisman qui allait leur ouvrir les voies vers un nouveau monde sonore. La trouvaille décisive eut lieu vers le milieu du XIVe siècle, sans que l'on sache au juste où, quand et par qui, les productions polyphones de cette époque étant aujourd'hui à peu près inconnues. Toujours est-il qu'à partir de là nous voyons la triade consonante prendre dans l'harmonie simultanée la place éminente qui ne lui sera plus disputée.

Dès lors nous entrons dans la *3e période: celle qui vit la naissance, le développement et la maturité du contrepoint vocal.* Le précurseur des maîtres fameux est le Cambraisien Guillaume du Fay (1420-1474). Après lui le Flamand Jean van Okeghem (1434-1490) devient le fondateur de la grande école musicale qui, depuis la dernière moitié du XVe jusqu'à la fin du XVIe siècle, a fleuri dans le nord de la France et les provinces de la Belgique; ses œuvres, aujourd'hui connues en nombre suffisant, sont les plus anciennes compositions polyphones qui, de nos jours encore, puissent affronter l'audition publique. A ce patriarche des contrepointistes succède son glorieux disciple, le Wallon Josquin des Prés, de Condé (1465-1521), le compositeur le plus universellement célébré jusqu'au milieu du XVIe siècle. De son temps les principales règles de la technique polyphone, déjà fixées, sont enseignées dans le plus ancien traité de contrepoint (1477), œuvre de Jean Tinctoris, "chanoine de Nivelles en Brabant, musicien et chapelain de Ferdinand, roi de Sicile". [3] Au XVIe siècle une foule de maîtres éminents, trop nombreux pour être nommés ici, surgissent dans tous les pays d'Occident: France, Belgique, Allemagne, Angleterre, Espagne, Italie. C'est au Latin génial Pierluigi da Palestrina que revient l'honneur de clore l'illustre série des anciens contrepointistes gallo-belges et de leurs adeptes.

B. *L'harmonie de l'Europe moderne a dû sa seconde et définitive institution à l'apparition triomphale d'une nouvelle branche de la technique musicale vers 1600.* Au moment même où s'achevait l'opulente floraison de la polyphonie vocale, *le chant à voix seule,* jusque là considéré comme un simple passe-temps d'amateur, conquit sa place dans le domaine de l'art sérieusement cultivé. Ce style vocal d'essence profane, qui amenait avec lui le drame en musique, observait un principe esthétique que nous avons pu constater dans la mélopée homophone de toute époque: *l'unité de la fondamentale harmonique;* la polyphonie médiévale n'avait jamais réussi à se l'incorporer. La réintégration de l'antique principe dans le nouvel art laïque eut pour conséquence *l'abandon total des modes gréco-romains, inconciliables, en tant que systèmes autonomes, avec l'harmonie simultanée,* dorénavant souveraine absolue du monde musical. D'autre part la recherche de l'expression dramatique et l'envahissement de plus en plus rapide de l'élément instrumental amenèrent promptement la multiplication des accords dissonants libres, tant chromatiques que diatoniques. Dès le commencement du XVIIe siècle l'harmonie moderne peut être considérée comme virtuellement établie, et il faudra cent ans à peine pour qu'elle déploie dans les œuvres de Jean Sébastien Bach une richesse que depuis on n'a pu dépasser, ni même égaler.

Relativement aux débuts de la monodie accompagnée et à la transformation graduelle des anciens modes dans ce genre de musique, il existe une précieuse source d'instruction: les nombreux *Livres de Luth* du XVIe siècle; ils renferment beaucoup de chants monodiques avec leur partie instrumentale. Mais jusqu'à présent cette littérature musicale n'est guère accessible aux artistes, à cause de sa notation rébarbative, la *tablature de luth,* qui ne devient lisible qu'après avoir été transcrite sur la portée. Un recueil de cette espèce, suffi-

---

[1]   Coussemaker, *l'Art harmonique aux XIIe et XIIIe siècles*, Paris, Durand 1865. On peut y lire 51 déchants à 3 et à 4 parties, mis en partition.

[2]   Sur le traité musical de l'illustre et infortuné sénateur romain du VIe siècle, voir *Mél. ant.*, pp. 25-26, 36, note 4.

[3]   Ce sont les qualités qu'il se donne, outre celle de *jurisconsulte*, en tête de son traité, publié par Coussemaker, *Scriptores de musica medii aevi*, t. IV, pp. 76-135.

samment étendu, a été mis récemment à la disposition des musiciens désireux d'acquérir des idées nettes sur la formation de la tonalité moderne(*Les œuvres des Luthistes espagnols du XVI° siècle, recueillies et traduites par G. Morphy*, avec une préface de F. A. Gevaert, Leipzig, Breitkopf et Haertel, 1902). Les plus vieux et plus beaux chants que renferme cet ouvrage remontent au règne de Charles-Quint (Luis Milan, *El Maestro*, 1536). Une autre récente collection espagnole, également intéressante au même point de vue, est le *Cancionero musical de los siglos XV et XVI* de Francisco Barbieri, contenant plus de 450 chansons à 3 et à 4 voix, en espagnol, portugais, italien (Publication de l'Académie royale de Madrid). A partir des *Nuove Musiche* de Caccini et de la création de l'opéra (1600), les œuvres imprimées et manuscrites abondent dans toutes les grandes bibliothèques musicales, et il est superflu de les mentionner ici.

§ 43. — En somme l'harmonie de l'Europe moderne a hérité de la chanson médiévale notre gamme majeure, de l'art des contrepointistes les premiers matériaux et les règles élémentaires de la technique polyphone; mais elle a instauré deux innovations capitales qui dominent entièrement sa théorie et sa pratique:

1° *La substitution de l'unité tonale à l'antique pluralité modale*, c'est-à-dire l'établissement d'un système harmonique universel, dont la base consonante, l'accord de Tonique, comporte, à côté de sa division principale, avec tierce majeure, une division secondaire, avec tierce mineure: triades jumelles reliées par un commun accord (majeur) de Dominante, lequel a introduit en Mineur, et par là dans le système entier, l'élément chromatique;

2° *La création illimitée d'accords dissonants* (diatoniques et chromatiques) *par extension facultative du principe générateur de l'accord parfait: l'échelonnement des tierces consonantes.*

DEUXIÈME SECTION
La tierce consonante, génératrice de l'harmonie moderne

§ 44. — En tant qu'accord simple (=accord de deux sons), *la tierce consonante*, diatonique, tantôt majeure, tantôt mineure, *est l'élément primordial du chant polyphone*. Sans le secours d'aucun autre accord elle est apte à former une harmonie à deux parties, rudimentaire mais complète pour le sens musical.

A. En mainte contrée d'Europe l'art populaire a su reconnaître et utiliser cette propriété de la consonance de tierce. En effet c'est lui qui nous en fournit les spécimens les plus démonstratifs dans ses mélodies religieuses ou sentimentales en duo, si savoureuses dans leur naïveté, lorsqu'elles sont chantées par des voix de femme pures et homogènes.

Ex. 66.

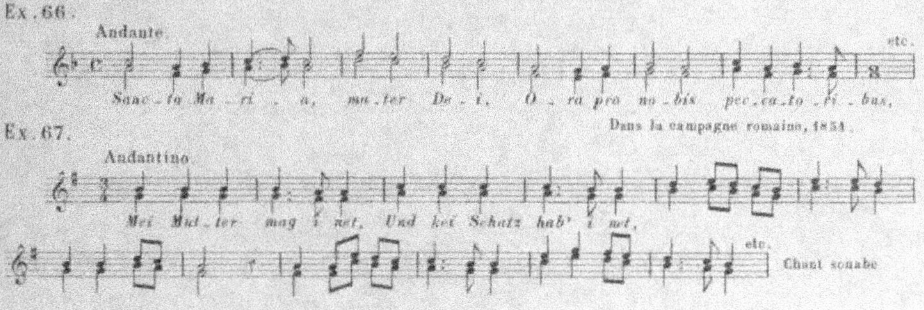

Le mélange harmonieux des trois tierces majeures et des quatre tierces mineures (§ 15), amené naturellement par leur heureuse disposition dans l'échelle diatonique, suffit pour donner à ces ensembles naïfs toute la variété désirable. A aucun endroit de son parcours, cette échelle ne présente une succession immédiate de trois tierces de même espèce. A deux endroits il y a succession de deux tierces mineures; à un seul endroit deux tierces majeures se suivent; la troisième reste isolée.

Ex. 68.

B. Si, au lieu de faire chanter de pareils duos par deux voix de femme, on donne la partie supérieure à une voix d'homme, l'accord se trouve interverti (ou *renversé*, selon l'expression usuelle), et la tierce majeure est transformée en sixte mineure, la tierce mineure en sixte majeure. La succession entière n'en reste pas moins consonante, mais la sonorité est moins vibrante, moins caractérisée (§ 7, E).

Ex. 69.   Andante

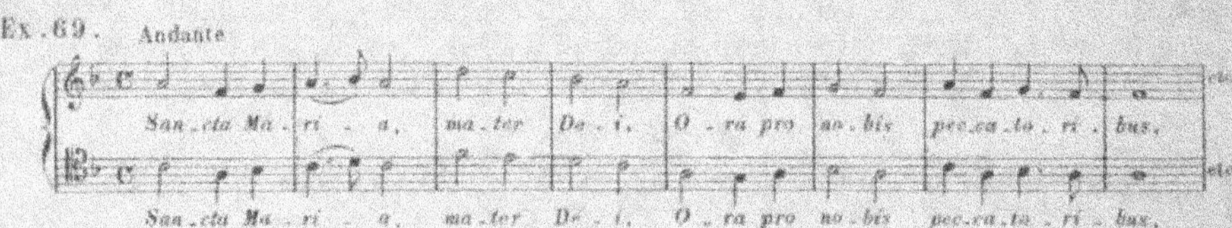

Deux exemples connus suffiront à démontrer combien l'effet sonore de la tierce l'emporte sur celui de la sixte. 1° Tous ceux qui ont entendu au théâtre le chef d'œuvre du vieux et toujours jeune Grétry, *Richard Cœur-de-Lion*, se rappelleront l'effet extraordinaire qui se produit dans la fameuse romance, "Une fièvre brûlante," lorsque, au refrain strophique "Un regard de ma belle", le motif principal, entendu jusque-là en sixtes, est repris en tierces par Richard et Blondel. — 2° Au IIe acte de la *Muette de Portici*, le motif si entraînant du duo: "Amour sacré de la patrie" est d'abord chanté *en tierces*, dans le ton de la dominante; il revient à la fin du morceau, dans le ton principal, *en sixtes*. L'effet produit cette fois sur l'auditoire est si manifestement inférieur au premier, que l'habitude s'est établie, dans les théâtres, de supprimer toute la seconde partie du morceau et de finir dans le ton de la dominante.

C. Le chant en sixtes continues n'appartient pas à la vraie musique populaire, qui cultive peu, au reste, le chœur à voix mixtes. Aux chansons en tierces qu'entonnent, dans certains pays germaniques, les soldats en marche, les ouvriers au travail, les buveurs à la taverne, vient s'ajouter souvent, au grave, une troisième partie faisant entendre alternativement les deux sons de la base harmonique: tonique et dominante; ébauche rustique d'un ensemble polyphone en accords pleins.

Ex. 70.   Allegretto

§ 45. — Les harmonies de la muse vulgaire se retrouvent dans l'œuvre vocale et instrumentale des compositeurs du XVIIIe et du XIXe siècle, employées tantôt avec une intention marquée de pittoresque, tantôt comme moyen naturel d'expression, mais généralement sous une forme moins primitive, moins rustique. Les dessins mélodiques formés d'une suite de tierces, d'une suite de sixtes ou d'un mélange des deux consonances, ont le plus souvent un accompagnement complémentaire, ou au moins une basse en pédale.

Ex. 71.

Andantino.

Händel. *Judas Macchabée*, IIIe partie, duo.

Ex. 72. Allegretto.

Grétry, *La Rosière de Salency*, Gavotte-Musette.

Ex. 73. Moderato.

R. Wagner, *Rheingold*, fin du 1er Tableau.
B. Schott's Söhne, Éditeurs-propriétaires.

Ex. 74.

Allegretto.

Mozart, *le Nozze di Figaro*, Duo au IIIe acte.

A. Les chants en sixtes se trouvent surtout à leur place dans les duos d'amoureux; les deux voix, quand elles le peuvent, aiment à se rapprocher jusqu'à la tierce, mais elles doivent parfois s'éloigner jusqu'à l'octave de la tierce et même, passagèrement, jusqu'à l'octave de la sixte.

Ex. 75.

B. Dans l'ensemble polyphone de style sévère, plusieurs tierces ou plusieurs sixtes peuvent se suivre à la file, ce qui est sévèrement interdit aux consonances parfaites, Quintes et Octaves (règle déjà édictée au XVᵉ siècle par Tinctoris). A plus forte raison le mélange des tierces et des sixtes s'y produit-il à tout moment. Une variété particulière de la technique traditionnelle, le contre-point double (c'est-à-dire *renversable*) à l'Octave, ne tolère d'autres consonances, à part l'Octave, que les tierces et les sixtes. Quand la disposition des parties s'intervertit, les tierces se changent en sixtes et vice versa.

Ex. 76. Moderato.

C. *En ajoutant, au-dessus de la tierce, la sixte, on obtient un accord de trois sons* (pour les théoriciens c'est un *renversement*) qui, dans la pratique, se distingue de toutes les agrégations dont il sera question plus loin. Il participe aux privilèges des accords simples de tierce et de sixte.

Comme eux *il est apte à se poser successivement sur chacun des degrés de l'échelle diatonique et à se mouvoir tout d'une pièce,* soit en montant, soit en descendant, par degrés conjoints ou disjoints. Une seule condition est de rigueur: la situation respective de la tierce et de la sixte ne peut être intervertie.

Ex. 77.   Ex. 77bis

Ex. 78.   Moderato.

Des sept accords de tierce et sixte compris dans l'échelle diatonique, *six ont à l'aigu la Quarte consonante;* seul *le septième,* marqué ci-dessus d'une croix, *exhibe l'intervalle inconsonant de triton,* fa-si (§ 15); néanmoins il passe parmi les accords consonants sans attirer l'attention de l'auditeur. Cette complaisance de l'oreille s'explique le plus naturellement de la manière suivante: notre perception sensorielle, s'appuyant sur le son inférieur de l'accord (§ 6) et s'absorbant dans l'audition de sa double consonance, la tierce et la sixte, ne tient pas compte de l'intervalle inconsonant qui sépare les deux sons aigus. En conséquence notre sentiment musical accepte l'accord entier comme équivalent des autres accords de tierce et sixte. Nous avons donc là *un accord consonant par analogie,* que nous rencontrerons encore en diverses circonstances et en diverses qualités. Dans l'exemple suivant c'est le premier des accords de sixte.

Ex. 79.   Allegretto.   etc.

De semblables séries continues d'accords de tierce et de sixte s'associent souvent à une Pédale grave, plus rarement à une Pédale aiguë.

Ex. 80.

Ex. 80bis   etc.

§ 46. — Étudions maintenant le *rôle de la Tierce dans la construction des accords proprement dits*. Cette consonance simple, majeure ou mineure, est l'élément premier, le commun diviseur de toutes les agrégations harmoniques. La théorie moderne ne considère comme réels *que les accords aptes à être disposés de manière à former une chaîne ininterrompue de tierces ascendantes*, à partir de l'une d'elles, prise pour base. Le son grave de cette tierce inférieure fonctionne comme fondamentale de l'agrégation entière, et chaque intervalle de l'accord est rapporté à ce son.

<pre>
                                                 ┌ la
                          ┌ fa   ├ fa
         ┌ ré   ├ ré   ├ ré
         ├ si   ├ si   ├ si
         └ SOL   └ SOL   └ SOL
</pre>

A. Lorsque l'accord présente une pareille disposition, il est dit se trouver à son *état direct*, le plus agréable à la perception auditive. En effet, *grâce à l'échelonnement par tierces, on peut réunir dans un même accord plusieurs sons occupant des degrés consécutifs de l'échelle mélodique*, ce qui serait intolérable, en émission simultanée, si les sons n'étaient pas distribués dans deux octaves au moins. (Le dernier des accords précédents fait entendre à la fois fa, sol, la et si.) À son état direct, un accord ne renferme que des intervalles désignés par un chiffre impair: tierce, quinte, septième, neuvième, etc. *Si, au contraire, les sons, à partir du plus grave, ne se laissent pas ranger en une échelle de tierces, l'accord est dit renversé*. Telles sont les agrégations de tierce et sixte (§ 45, C), de quarte et sixte, de seconde, triton et sixte, etc.

Le créateur de ce système théorique fut le grand compositeur français Jean-Philippe Rameau, dont le *Traité d'Harmonie*, de même que la première partie du *Clavecin bien tempéré*, de l'immortel Jean Sébastien Bach, parut en 1722: année mémorable dans les annales de l'art polyphone. Elle marque le moment où la pratique et la théorie musicales de l'Europe moderne arrivent à la pleine connaissance de leur vaste domaine.

B. En harmonie simultanée, comme en mélodie pure, le diatonique est le primitif. Les *accords originels ne contiennent que des tierces majeures et mineures comprises dans une même série diatonique*. Quant aux *accords dérivés* (que nous n'avons pas à examiner ici), ils renferment des éléments chromatiques obtenus, soit par *flexion* ou *tension* des tierces consonantes (majeure transformée en mineure ou vice versa), soit par leur *altération dissonante* (majeure convertie en augmentée, mineure convertie en diminuée).

§ 47. — Une seule tierce ne suffit pas pour constituer un accord selon la théorie moderne, laquelle exige à cet effet le concours de deux consonances premières au moins. Deux tierces conjointes engendrent les accords de 3 sons ou de *quinte*; trois tierces forment des accords de 4 sons ou de *septième*; quatre tierces composent un accord de 5 sons ou de *neuvième*; cinq tierces donnent un accord de 6 sons ou de *onzième*. Enfin six tierces composent un accord de *treizième*, lequel renferme les 7 sons d'une série diatonique.

<pre>
                                                              de Treizième
                                            de Onzième   ┌ mi
                          de Neuvième   ┌ ut   ├ ut
                de Septième   ┌ la   ├ la   ├ la
  Accord de Quinte ┌ fa   ├ fa   ├ fa   ├ fa
       ┌ ré   ├ ré   ├ ré   ├ ré   ├ ré
       ├ si   ├ si   ├ si   ├ si   ├ si
       └ SOL   └ SOL   └ SOL   └ SOL   └ SOL
</pre>

Ou voit que l'échelle des accords nécessite, pour atteindre son plein développement, une étendue de près de deux octaves; chacun de ses échelons occupant un espace double, au moins, de celui qui sépare les degrés successifs de l'échelle mélodique. Un accord de neuvième, de onzième, de treizième, dépasse l'Octave d'une seconde, d'une quarte, d'une sixte.

§ 48. — Les accords qui s'étendent au delà de l'Octave ne se renversent pas régulièrement, et nous allons en montrer la cause. On a vu que *l'opération du renversement consiste à transporter vers l'aigu le son inférieur d'un intervalle, afin d'intervertir la situation respective des deux sons* (§ 7, C, E; § 15). Or il est évident que le but du déplacement n'est pas atteint dès que l'intervalle franchit les limites de l'Octave. En effet, si l'on porte à l'Octave aiguë le son inférieur d'une neuvième, d'une onzième ou d'une treizième, l'intervalle se resserre: la neuvième devient seconde, l'onzième devient quarte, la treizième devient sixte, mais la situation respective des deux sons ne s'intervertit pas: le son grave reste le plus grave, le son aigu se maintient à l'aigu. Le résultat de cet état de choses c'est que *les accords de trois sons et ceux de quatre, renfermés dans l'espace d'une Octave, jouissent seuls de la faculté de se présenter intégralement sous toutes leurs faces*.

§ 49. — Les agrégations diatoniques de *trois sons*, étant les plus petites unités de notre système d'accords, reçoivent la qualification de *primaires*; ce sont les substructions sur lesquelles l'harmonie moderne a élevé ses superbes édifices. Les principaux accords de cette catégorie et le point de départ de tout notre art sont les deux *accords parfaits*, engendrés par la conjonction d'une tierce majeure et d'une tierce mineure, consonances jumelles emplissant à elles deux la consonance absolue de Quinte (§§ 37; 42, A).

A La plus grave des deux tierces réunies dans une même résonance est celle qui décide du caractère expressif de l'accord (§ 46); si elle est majeure, l'accord parfait est dit *majeur*: il a le caractère actif; si la tierce grave est mineure, l'accord parfait est *mineur*, son expression est passive (§ 7, D).

La série diatonique contient six accords parfaits. Les trois premiers sons dans l'ordre progressif (FA, UT, SOL) forment la base des trois accords majeurs; les trois derniers (RÉ, LA, MI), situés respectivement une tierce plus bas, portent des accords mineurs.

Les trois accords parfaits majeurs

ut	sol	ré
la	mi	si
FA	UT	SOL

Les trois accords parfaits mineurs

la	mi	si
fa	ut	sol
RÉ	LA	MI

On reconnaît là les six consonances constitutives des modes du chant homophone (§§ 36, 37), associées dans le système harmonique de la musique moderne, où elles forment deux groupes rigoureusement parallèles.

B. *Tout accord de trois sons donne lieu à deux interversions ou renversements*. On obtient le premier renversement en transportant la base harmonique à l'aigu. Si ensuite on fait monter à l'aigu le son inférieur du premier renversement, on voit apparaître le deuxième renversement. L'interversion des tierces majeures produit des sixtes mineures et vice versa (§ 44, B); le renversement de la Quinte donne la Quarte (§ 7, C).

Accord parfait majeur sous ses trois faces

	1ᵉʳ renversement	2ᵉ renversement
État direct	ut	mi
sol	sol	ut
mi	mi	sol
UT		

Accord parfait mineur sous ses trois faces

	1ᵉʳ renversement	2ᵉ renversement
État direct	la	ut
mi	mi	la
ut	ut	mi
LA		

§ 50. — *La conjonction de deux tierces de même grandeur, ou excède, ou n'atteint pas l'étendue de la Quinte, et l'accord qu'elle produit n'est pas consonant.* Deux tierces majeures superposées par conjonction donnent un accord dissonant (et chromatique) de quinte augmentée (ut-mi-sol♯), dont nous n'avons pas à nous occuper ici; *deux tierces mineures conjointes forment l'accord neutre de fausse-quinte*, compris dans la série diatonique qu'il embrasse totalement (§ 15). L'interversion de la fausse-quinte produit le triton.

	1ᵉʳ renversement	2ᵉ renversement
État direct	si	ré
fa	fa	si
ré	ré	fa
si		

Ne posant pas sur une base consonante, l'accord de fausse-quinte n'a pas de vraie fondamentale: il est instable (§ 25, A). Aussi à l'état d'isolement, donne-t-il une impression marquée d'inconsistance. Mais comme élément de combinaison, il joue un rôle caractéristique dans la formation des accords de plus de trois sons. Il est en quelque sorte médiateur entre la consonance et la dissonance. Dans la pratique il est admis, en certains cas déterminés, à remplacer *par analogie d'emploi*, l'accord parfait (ci-après § 61).

§ 51. — Les accords comprenant plus de trois sons appartiennent tous, selon nous, à la catégorie des *composés*. Ceux de *quatre sons*, limités par la septième mineure ou majeure, amènent la résonance simultanée de deux degrés contigus de l'échelle mélodique, et par là introduisent la dissonance dans le système de l'harmonie moderne (§ 15, A). *Ils peuvent être conçus comme résultant de la fusion de deux accords primaires situés à distance de tierce.* Quatre accords différents de septième sont contenus dans la série diatonique; nous les énumérons et désignons d'après la classification théorique de Reicha (1800-1830).

A. *Septième de première espèce;* la base harmonique est un accord parfait majeur, auquel s'unit à l'aigu l'accord de fausse-quinte. La série diatonique, ne comprenant qu'une seule fausse quinte (§ 15), ne fournit qu'un seul accord conforme à la formule susdite.

$$\begin{array}{l} \text{fa} \\ \text{ré} \quad \text{ré} \\ \text{si} \quad \text{si} \\ \textbf{SOL} \end{array}$$

B. *Septième de seconde espèce;* au grave un accord parfait mineur se fusionnant avec son majeur parallèle. Trois agrégations ainsi construites sont contenues dans la série diatonique (§ 49, A).

$$\begin{array}{lll} \text{ut} & \text{sol} & \text{ré} \\ \text{la} \; \text{la} & \text{mi} \; \text{mi} & \text{si} \;\; \text{si} \\ \text{fa} \; \text{fa} & \text{ut} \; \text{ut} & \text{sol} \; \text{sol} \\ \textbf{RE} & \textbf{LA} & \textbf{MI} \end{array}$$

C. *Septième de troisième espèce;* l'accord de fausse-quinte, employé en guise de base harmonique, s'accouple avec un accord parfait mineur. Comme l'autre accord de septième contenant la *demi-consonance* (A), celui-ci ne paraît qu'une seule fois dans la série diatonique.

$$\begin{array}{l} \text{la} \\ \text{fa} \quad \text{fa} \\ \text{ré} \quad \text{ré} \\ \textbf{SI} \end{array}$$

D. *Septième de quatrième espèce;* un accord parfait majeur s'enlace à un accord parfait mineur posé une tierce majeure plus haut. Cet accouplement amène la dissonance, extrêmement dure, de septième majeure: choc de deux sons distants seulement d'un demi-ton (seconde mineure) dans l'échelle mélodique. La série diatonique exhibe deux fois l'accord en question.

$$\begin{array}{ll} \text{mi} & \text{si} \\ \text{ut} \; \text{ut} & \text{sol} \; \text{sol} \\ \text{la} \; \text{la} & \text{mi} \;\; \text{mi} \\ \textbf{FA} & \textbf{UT} \end{array}$$

E. Tous les accords diatoniques de septième se renversent avec la même régularité que les accords parfaits, mais ils comptent nécessairement un renversement de plus. L'interversion des septièmes mineures donne des secondes majeures; celle des septièmes majeures produit des secondes mineures, les plus âpres dissonances de l'harmonie diatonique.

Septième de première espèce sous ses quatre faces

	1er renv.	2e renv.	3e renv.
Etat direct		si	ré
fa	sol	sol	si
ré	fa	fa	sol
si	ré	ré	fa
SOL	si		

Septième de deuxième espèce sous ses quatre faces

	1er renv.	2e renv.	3e renv.
Etat direct		fa	la
ut	ré	ré	fa
la	ut	ut	ré
fa	la	la	ut
RÉ	fa		

Septième de troisième espèce sous ses quatre faces

	1er renv.	2e renv.	3e renv.
Etat direct		ré	fa
la	si	si	ré
fa	la	la	si
ré	fa	fa	la
SI	ré		

Septième de quatrième espèce sous ses quatre faces

	1er renv.	2e renv.	3e renv.
Etat direct		la	ut
mi	fa	fa	la
ut	mi	mi	fa
la	ut	ut	mi
FA	la		

§ 52. — Les agrégations de *cinq sons* possèdent doublement la qualité de dissonants, puisqu'ils comprennent trois degrés contigus de l'échelle mélodique: la fondamentale y résonne avec sa *septième* (réplique de sa seconde inférieure) et sa *neuvième* (réplique de sa seconde aiguë). En définitive *les accords de neuvième sont formés par la fusion de deux accords de septième*. Leurs combinaisons diatoniques, au nombre de cinq, peuvent se classer sous quatre chefs correspondant aux quatre espèces de septièmes.

A. *Neuvième de première espèce;* conjonction d'une septième de première espèce au grave et d'une septième de troisième espèce à l'aigu.

<pre>
         la
    ⌐fa fa
     ré ré
     si si⌐
    ⌊SOL
</pre>

B¹. *Neuvième majeure de deuxième espèce;* au grave une septième de deuxième espèce, à l'aigu une septième de quatrième espèce.

<pre>
      mi⌐   si⌐
  ⌐ut ut   ⌐sol sol
   la la   mi mi
   fa fa⌐   ut ut⌐
  ⌊RÉ   ⌊LA
</pre>

B². *Neuvième mineure de deuxième espèce;* au grave une septième de deuxième espèce, à l'aigu une septième de première espèce.

<pre>
        fa⌐
    ⌐ré ré
     si si
     sol sol⌐
    ⌊MI
</pre>

C. *Neuvième de troisième espèce;* au grave une septième de troisième espèce, à l'aigu une septième de deuxième espèce.

<pre>
        ut⌐
    ⌐la la
     fa fa
     ré ré⌐
    ⌊SI
</pre>

D. *Neuvième de quatrième espèce;* au grave une septième de quatrième espèce, à l'aigu une septième de deuxième espèce.

<pre>
      sol⌐   ré⌐
  ⌐mi mi   ⌐si si
   ut ut   sol sol
   la la⌐   mi mi⌐
  ⌊FA   ⌊UT
</pre>

E. Nous avons montré plus haut que les accords composés de cinq sons ne peuvent se renverser régulièrement, comme le font ceux de quatre et de trois sons (§ 48). Si l'on essayait sur la neuvième de première espèce des interversions semblables à celles qui se pratiquent sur les accords de septième (§ 51, E), voici à quels résultats intolérablement discordants on aboutirait.

```
                                                               3ᵉ renv.
                                                                ⎧ ré
                                           2ᵉ renv.             ⎪ si
   Etat direct        1ᵉʳ renv.             ⎧ si               ⎨ la
   ⎡ fa              ⎧ la                    ⎪ la               ⎪ sol
   ⎪                 ⎪ sol                   ⎨ sol              ⎩ fa
   ⎪ fa              ⎨ fa                    ⎪ fa
   ⎪ ré              ⎪ ré                    ⎩ ré
   ⎪ si              ⎩ si
   ⎣ SOL
```

Le résultat de cet état de choses, on le verra plus tard en détail, c'est que, *pour devenir renversables, les accords de neuvième sont tenus de rentrer dans les limites de l'Octave*. À cet effet ils suppriment la résonance de leur fondamentale, et se réduisent *en apparence*, à leur accord supérieur de septième. (Voir ci-après § 90.) *Ils ne s'emploient intégralement qu'à leur état direct.*

§ 53. — Les deux classes d'accords dont il nous reste à décrire la construction théorique forment une catégorie nettement distincte des précédentes. Ainsi que le démontre la pratique polyphone, *les agrégations de onzième et de treizième sont en réalité des accords doubles, à deux fondamentales*. Ils se décomposent en deux accords dissonants situés à distance de Quinte, *et résolus le plus souvent l'un après l'autre* : l'accord supérieur en premier lieu.

A. Un *accord de onzième* se produit par la conjonction de deux accords de septième.

```
          ut ⎤                       sol ⎤
          la ⎥                       mi  ⎥
   ⎡ fa   fa ⎥               ⎡ ut    ut  ⎥
   ⎪ ré   ré ⎦               ⎪ la    la  ⎦
   ⎪ si                      ⎪ fa
   ⎣ SOL                     ⎣ RÉ
```

B. Un *accord de treizième* résulte de la conjonction de deux accords de neuvième.

```
          la ⎤                       mi ⎤
          fa ⎥                       ut ⎥
   ⎡ ré   ré ⎥               ⎡ la    la ⎥
   ⎪ si   si ⎥               ⎪ fa    fa ⎥
   ⎪ sol  sol⎦               ⎪ ré    ré ⎦
   ⎪ mi                      ⎪ si
   ⎣ UT                      ⎣ SOL
```

Ces accords n'ont guère été employés intégralement jusqu'à ce jour, soit à leur état direct, soit autrement. D'ailleurs les nombreuses conditions restrictives auxquelles leur usage est soumis les a fait considérer, par la plupart des théoriciens, comme des agrégations mélées d'éléments mélodiques (*appoggiatures, prolongations, retards*). C'est sous ce point de vue qu'ils seront également étudiés ici, sauf en un seul cas (§ 93), où il nous a semblé préférable d'envisager la seconde agrégation de onzième comme un accord réel.

TROISIÈME SECTION
Réalisation et enchaînements des accords primaires

§ 54. — *La mise en œuvre des accords dissonants, de même que leur mélange avec les consonants, dépend en grande partie du système tonal dans lequel on les produit.* Il serait donc impossible d'en aborder l'étude sans connaître préalablement l'organisme de la tonalité moderne.

Il n'est pas de même quand il s'agit d'étudier seulement *les successions des accords primaires compris dans une même série diatonique, ainsi que les mouvements simultanés de leurs sons individuels. Les règles de cette technique sont indépendantes du mécanisme tonal.* Elles ont été élaborées à une époque où notre centralisation modale n'existait pas encore (§ 42, A), où aucun accord parfait n'était normalement subordonné à un autre, mais où chacune des six triades consonantes pouvait à son tour assumer le rôle de fondamentale harmonique: état qui, par moments, se renouvelle encore de nos jours, notamment dans ces successions symétriques appelées *progressions, marches harmoniques ou séquences.* Nous sommes donc en présence de l'élément primitif, permanent de notre art européen. *Les accords consonants sont la chaîne du tissu harmonique dont les agrégations dissonantes forment la trame indéfiniment variable.* Il importe conséquemment d'exposer avant tout, avec les règles fondamentales de l'orthographe polyphone, l'usage général des accords primaires dans l'harmonie diatonique.

§ 55. — *Dans l'audition d'un accord la perception va d'abord au son le plus grave, et de là s'élance vers le son le plus aigu* (§ 6). La partie inférieure de l'ensemble vocal ou instrumental, la *Basse*, porte le poids entier de l'édifice polyphone et concentre en elle toute l'harmonie de l'ensemble.

Aristote: "Le grave contient l'aigu, l'aigu ne contient pas le grave." Probl. 13ᵃ.12ᵇ, pp. 19, 453-154, probl. 8. Une intonation grave porte son harmonie en elle, p. 135.

A. *Quand le son fondamental d'une agrégation consonante ou dissonante se fait entendre à la Basse, l'accord est à l'état direct* (§ 46, A). *La disposition des sons supérieurs est indifférente au point de vue harmonique.* Au reste elle varie d'accord en accord dans la succession polyphone.

La suite des sons fondamentaux d'une succession d'accords reçoit le nom de *Basse-fondamentale.* À part certains cas spéciaux, tels que les marches parallèles de sixtes (§ 45, C, § 66), les mouvements des fondamentales, même lorsqu'ils ne sont pas rendus par les notes de la Basse, régissent l'enchaînement des accords.

§ 56. — Contrairement à la succession mélodique, qui se meut le plus souvent par degrés conjoints, à l'imitation de son prototype, l'échelle diatonique, *la Basse-fondamentale procède de préférence par degrés disjoints,* formant les intervalles consonants de Quinte, de Quarte ou de tierce descendante. Les mouvements de tierce ascendante, de même que ceux de seconde dans les deux directions, sont d'un usage plus restreint.

Le saut d'Octave, fréquent à la Basse, est harmoniquement nul, puisqu'il équivaut à l'unisson, à l'immobilité. Les sauts de sixte et de septième ne comptent pas parmi les mouvements normaux de la Basse-fondamentale, où ils sont remplacés par les successions plus naturelles de tierce et de seconde; on les réserve pour les Basses affectant un caractère mélodique.

Les *mouvements de Quinte,* qui alternent facultativement avec ceux de Quarte procédant en sens opposé (§ 10, B), et de plus les *mouvements de tierce descendante sont aptes à former des successions continues* embrassant le parcours entier de la série diatonique.

A. *La succession des fondamentales par Quinte descendante* (=Quarte ascendante) *a la primauté sur les autres mouvements harmoniques;* nous la rencontrerons à toutes les phases de notre étude. Seule elle est propre à *préparer* et à *résoudre* régulièrement les accords dissonants, de même qu'elle amène l'enchaînement le plus naturel des triades consonantes. Dans la pratique elle se présente ordinairement sous l'aspect d'une progression vers le grave, procédant alternativement par Quinte descendante et Quarte ascendante.

B. Répété en série continue, le mouvement des fondamentales *par Quinte ascendante* prend le plus souvent l'apparence d'une progression alternée, se dirigeant vers l'aigu par Quinte ascendante et Quarte descendante.

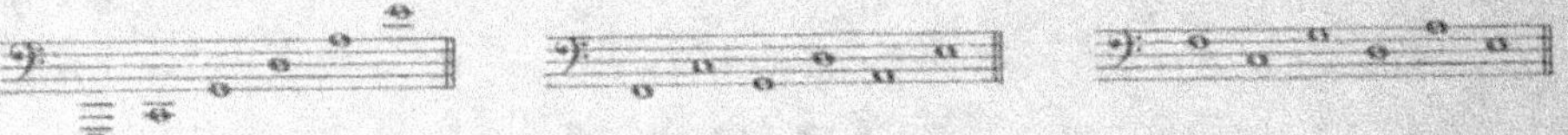

C. Le mouvement des fondamentales *par tierce descendante* fournit des successions continues dont l'effet est des plus agréables à l'impression sensorielle. La marche vers le grave, qui procède alternativement par tierce mineure et par tierce majeure, ne souffre pas d'interversion, le saut de sixte étant étranger à la Basse-fondamentale.

D. Les mouvements de Basse-fondamentale procédant soit par tierce ascendante, soit par degrés conjoints ascendants ou descendants, ne se produisent pas en séries continues. On verra plus loin en quels cas et de quelle manière ils sont mis en œuvre.

§ 57. — Les successions des accords primaires, et des accords en général, se réalisent communément à quatre parties vocales ou instrumentales, en sorte que dans chaque accord de trois sons l'un d'eux s'entend en même temps à deux parties: de préférence à deux octaves différentes. *Quand un accord primaire est à l'état direct, le son redoublé est ordinairement la fondamentale;* assez fréquemment aussi la tierce, plus rarement la quinte. On évite surtout les redoublements *à l'unisson* dans les trois parties supérieures, afin de ne pas appauvrir la sonorité de ce groupe, souvent assez distant de la Basse.

En écrivant les exercices élémentaires d'harmonie simultanée, on réunit d'habitude les trois parties supérieures sur une même portée, afin de s'en procurer l'audition directe à l'aide d'un instrument à clavier. Nous nous conformerons à cet usage. Parfois même, pour économiser l'espace, nous resserrerons sur une seule portée l'harmonie intégrale. Mais quel que soit notre procédé graphique, les quatre parties seront conventionnellement désignées, en partant du grave, par les termes (ou les abréviations) *Basse* (B), *Ténor* (T), *Contralto* (C), *Soprano* (S).

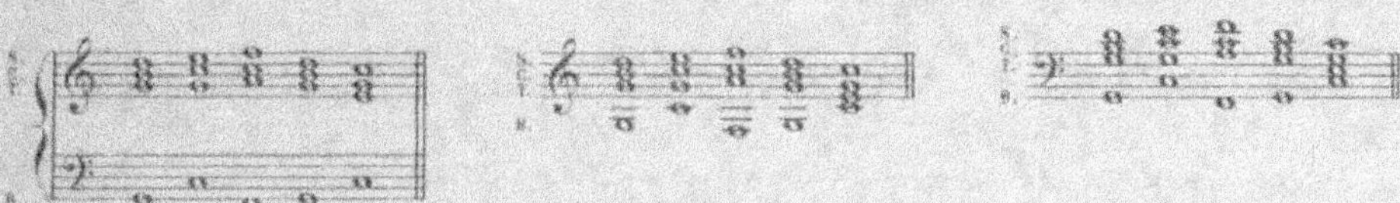

Lorsque, au cours de cet ouvrage, il nous arrivera de réaliser à *trois parties* seulement une suite d'accords, le *Ténor* sera supposé se taire ou chanter avec la Basse, soit à l'unisson, soit à l'Octave. Par contre, si à d'autres endroits *cinq parties* sont nécessaires pour compléter l'harmonie, on sous-entendra un redoublement de la partie de *Soprano* ou de *Contralto*.

A. Quand la suite d'accords ne doit pas simplement servir d'accompagnement à une cantilène monodique, le *Soprano*, voix de femme, *est censé contenir la mélodie principale*. La Basse et le Soprano sont les parties compréhensives de l'ensemble polyphone, et parfois les seules que les maîtres antérieurs à Haydn consignaient par écrit. Bien conçues, elles suffisent pleinement à suggérer l'harmonie intégrale (Exemples: les *Cantiques spirituels* de J. S. Bach, les *Cantates à voix seule* de Händel).

Selon une gracieuse métaphore de Richard Wagner dans son écrit célèbre *Oper und Drama*, "la Basse est la racine, la Mélodie la fleur de l'arbre harmonique," dont les parties intermédiaires forment la tige.

§ 58. — A l'époque où le chant monodique est devenu une branche de l'art cultivé par les maîtres (1600), ceux-ci ont adopté l'habitude d'indiquer les parties supérieures de l'harmonie instrumentale servant d'accompagnement par des chiffres arabes, procédé qui a passé plus tard dans l'enseignement de l'Harmonie. *Les chiffres désignent simplement les intervalles caractéristiques de l'accord par rapport à la note de Basse au-dessus de laquelle ils se trouvent, et par rapport à l'armure de la clef.* L'état direct d'un accord de trois sons est indiqué soit par 3, soit par 5, soit par $\frac{5}{3}$, soit enfin par l'absence de tout chiffre.

En tête de la partition d'*Orfeo*, opéra de Luigi Rossi, que le Cardinal Mazarin fit jouer à Paris en 1647 (et dont j'ai sous les yeux une copie faite à Rome), on trouve, notée et précédée de la suscription *Sinfonia avanti il Prologo*, la suivante Basse-chiffrée:

Ex.82.

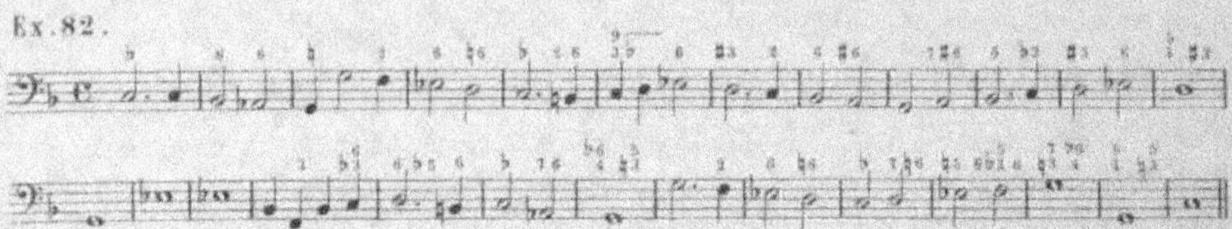

L'épithète *Sinfonia* donne lieu à penser que nous devons voir dans ces notes la Basse d'accompagnement d'un Prélude instrumental, dont les parties supérieures (de Violon) n'ont pas été recueillies dans la partition.

§ 59. — Les trois parties supérieures de l'harmonie forment entre elles une masse sonore dont les mouvements s'opposent généralement à ceux d'une Basse uniquement composée de sons fondamentaux. En ce qui concerne les mouvements mélodiques des trois parties, nous allons formuler les règles capitales établies par la tradition et sanctionnées par l'assentiment d'une douzaine de générations successives. *Nous nous contenterons ici d'exposer les mouvements usuels, propres aux harmonies destinées à servir d'accompagnement.* Pour ce qui est des mouvements plus spécialement mélodiques, ils appartiennent à la branche supérieure de la technique polyphone: le Contrepoint.

A. On a vu que la Basse aime à se mouvoir par intervalles disjoints (§ 56). Tout au contraire *les parties supérieures, quand elles ne se tiennent pas totalement immobiles (ce qu'elles font souvent par prédilection), ont en général des mouvements peu étendus:* de seconde, de tierce, parfois de Quarte, rarement de Quinte.

B. *A chaque déplacement de la fondamentale,* lorsqu'elle se maintient à la Basse, *la disposition des intervalles de l'accord doit se modifier dans les parties supérieures, à moins qu'il n'y ait interruption de la phrase musicale.* On a établi comme règle absolue que *le redoublement de la fondamentale ne peut avoir lieu à la même partie dans deux accords successifs. La même défense est faite pour la Quinte de l'accord.*

Cette règle capitale, la plus ancienne de toutes, sera formulée plus explicitement encore de la manière suivante: *Dans le passage d'un accord au suivant, deux parties de l'ensemble polyphone, quelles qu'elles soient, ne peuvent se mouvoir parallèlement en Octaves ou en Quintes. Elles ont toute liberté pour marcher simultanément en tierces.*

Ex.83.

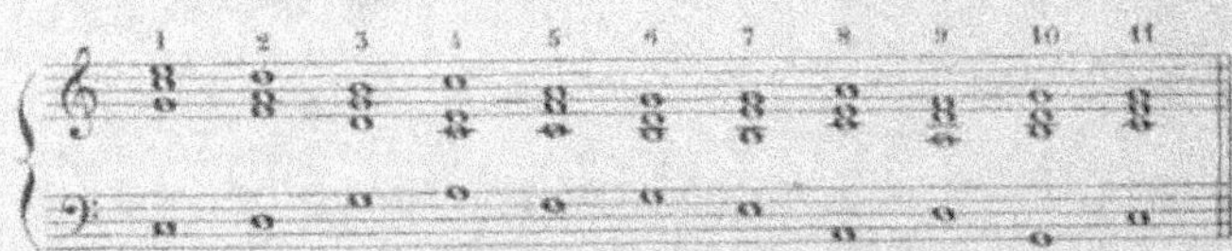

Si l'on suit, note pour note, dans cette suite de onze accords, la marche individuelle des trois parties supérieures, par rapport à la Basse, on voit paraître successivement les intervalles suivants:

Soprano: (1) tierce, (2) Octave, (3) tierce, (4) tierce, (5) tierce, (6) Octave, (7) tierce, (8) Octave, (9) tierce, (10) Octave, (11) Quinte;

Contralto: (1) Octave, (2) Quinte, (3) Octave, (4) Quinte, (5) Octave, (6) Quinte, (7) Octave, (8) Quinte, (9) Octave, (10) Quinte, (11) tierce;

Ténor: (1) Quinte, (2) tierce, (3) Quinte, (4) tierce, (5) Quinte, (6) tierce, (7) Quinte, (8) tierce, (9) Quinte, (10) tierce, (11) Octave.

C'est apparemment pour montrer qu'un Maître peut, à l'occasion, déroger à la règle en faveur de l'expression, que Rossini, dans un passage au début du IIe acte de *Guillaume Tell*, écrit quatre accords parfaits descendant tout d'une pièce par degrés conjoints: dernières notes d'un chœur lointain dont les harmonies s'éteignent et s'évanouissent dans les brumes du soir.

Ex. 84.

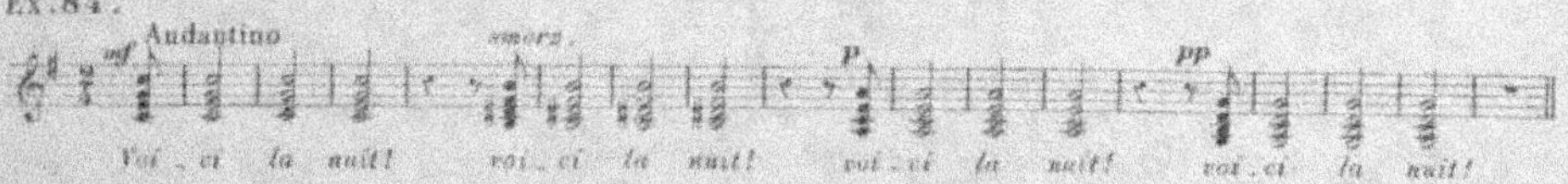

Au fond il n'y a pas là d'incorrection, puisqu'il y a solution de continuité, chaque accord étant séparé du suivant par un silence. Le même cas se présente dans cet ancien *faux-bourdon* que j'ai entendu chanter à la Chapelle royale de Madrid en 1850. (La mélodie liturgique, du VIIe mode, est au Ténor).

Ex. 85.

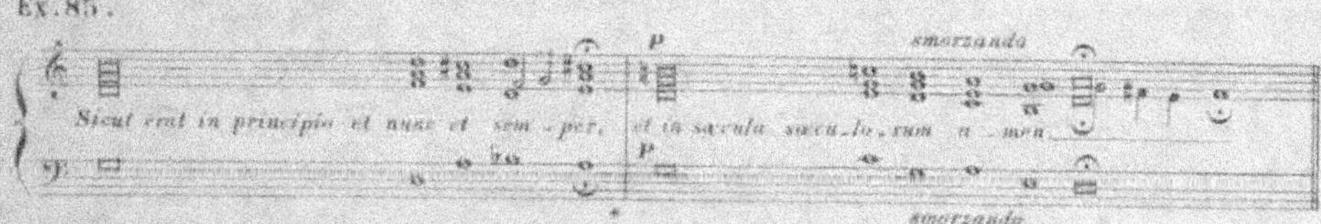

C. Quand la Basse-fondamentale fait un *mouvement de tierce*, soit vers le grave (§ 56, C), soit vers l'aigu (§ 56, D), *une seule note des trois parties supérieures doit bouger nécessairement*. C'est l'enchaînement consonant le plus complet.

Ex. 86.

D. Quand la fondamentale *se déplace d'une Quinte ou d'une Quarte* (§ 56, A, B), *deux notes au moins ont à se mouvoir* (a, b, c, d). Souvent lorsque la Basse fait le mouvement de Quarte, les trois parties se meuvent simultanément en sens inverse de la Basse (e, f).

Ex. 87.

E. Quand la fondamentale *monte ou descend au degré voisin* (§ 56, D), il y a *succession* d'accords, mais pas *enchaînement*, puisque tout se meut. En effet, *les trois notes supérieures bougent et, parmi elles, la Quinte et l'Octave sont tenues de marcher à l'opposé de la Basse; la tierce monte ou descend à volonté.*

Ex.88.

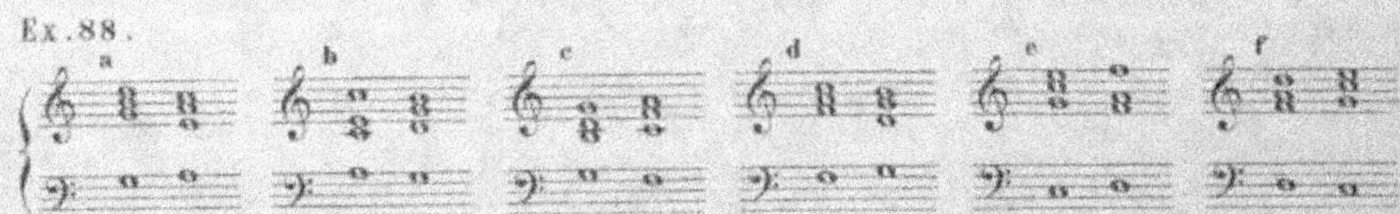

F. En vertu d'une règle édictée par les anciens harmonistes, *on doit s'abstenir d'amener la Quinte ou l'Octave d'un accord quelconque par le mouvement simultané des deux parties extrêmes, lorsqu'elles marchent dans la même direction.*

Ex.88bis

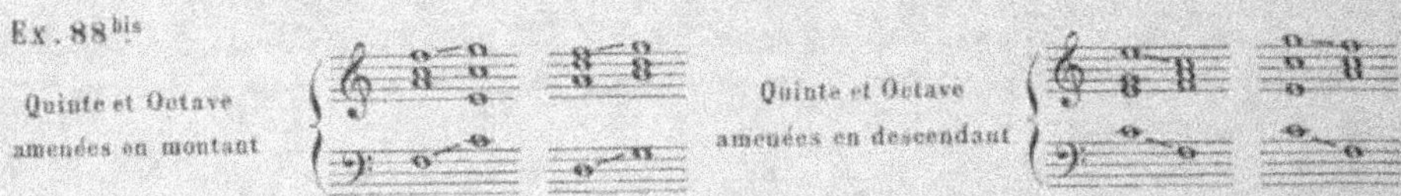

Malgré les nombreuses exceptions que cette règle comporte, et que l'usage apprendra, il est nécessaire de ne pas la perdre de vue et d'en tenir compte quand il y a lieu. Nous aurons à noter des cas où il convient de l'observer strictement.

G. La disposition des trois parties supérieures dans l'accord initial de la phrase harmonique est toujours facultative. Il en est de même après un arrêt marqué de la période musicale (Ex. 84, 85).

§ 60. — Quand une succession de deux accords parfaits procédant par *Quinte descendante* (= *Quarte ascendante*) se continue et se répète sous forme de *progression alternée* (§ 56, A), les trois parties supérieures, de leur côté, prennent un mouvement alternant opposé à celui de la Basse dans la succession des accords accouplés (Ex. 86, e), mais conforme à lui quant à la direction générale vers le grave.

Ex.89.

§ 61. — Les triades consonantes contenues dans la série diatonique n'étant qu'au nombre de *six* (§ 49, A, § 55, A) il est évident qu'en descendant de Quinte en Quinte, la succession des fondamentales, après avoir fait entendre les trois accords parfaits mineurs et ensuite les trois accords majeurs, se trouve dans une impasse, n'ayant pas de Quinte consonante au-dessous de FA, à moins d'aborder une nouvelle série tonale. Alors, *pour être à même*

de reprendre et de continuer la progression à volonté, sans changer de ton, la Basse-fondamen-
tale fait un mouvement descendant de fausse-quinte, ce qui la transporte à l'autre bout de la série
diatonique, sur SI, siège de l'accord neutre (§ 50). Le sentiment musical, suggestionné par
la succession symétrique des accords qui précèdent, et entraîné par le mouvement descendant
vers un repos harmonique, accepte le saut de FA-SI comme un intervalle normal et l'accord
neutre prend place dans la progression des Quintes à l'instar d'une triade consonante. (Une
barre traversant le 5 désigne l'accord de fausse-quinte dans les basses chiffrées de l'École
française).

Ex. 90.

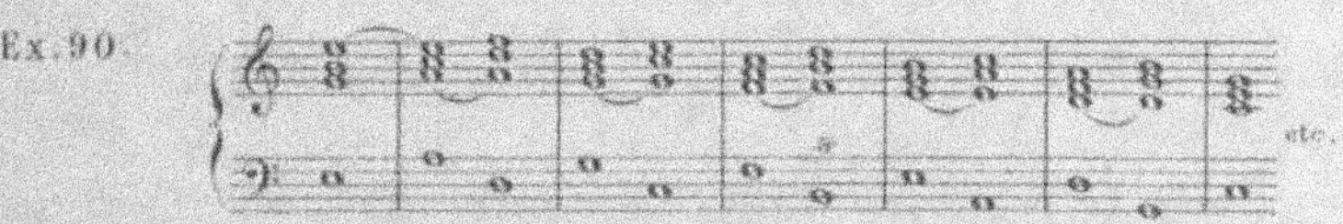

Déjà dans les suites parallèles d'accords de tierce et de sixte (§ 45, C) nous avons vu le
triton formé par les deux parties supérieures passer, sans attirer l'attention, au milieu des
Quartes consonantes. Mais l'intrusion de l'accord de fausse-quinte, *à son état direct*, parmi les
accords parfaits, n'est guère tolérée que dans le type principal des progressions harmoniques,
celui que nous venons d'étudier.

§ 62. — Un enchaînement continu d'accords parfaits *par Quinte ascendante* (= *Quarte
descendante*) se pratique également dans tout le parcours de la série diatonique (§ 56, B). D'abord
viennent les trois triades majeures, ensuite les trois triades mineures; mais parvenue au dernier
de ces accords, la progression vers l'aigu est arrêtée, puisque la Quinte au-dessus de MI est
SI, qui ne porte pas de triade consonante.

Ex. 91.

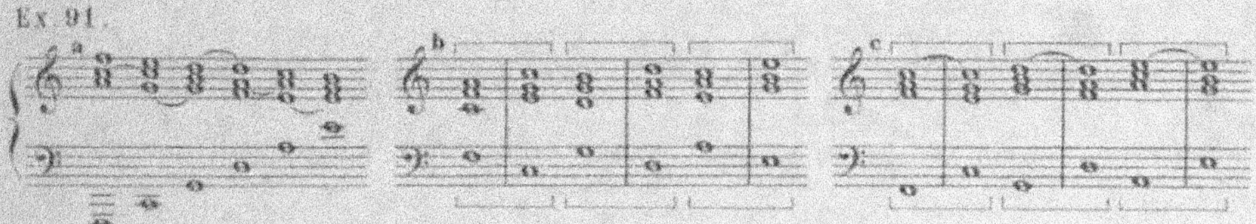

Or notre sentiment musical veut bien admettre la pseudo-consonance dans cette progression descendante:

mais il regimbe devant
la progression inverse, ascendante.

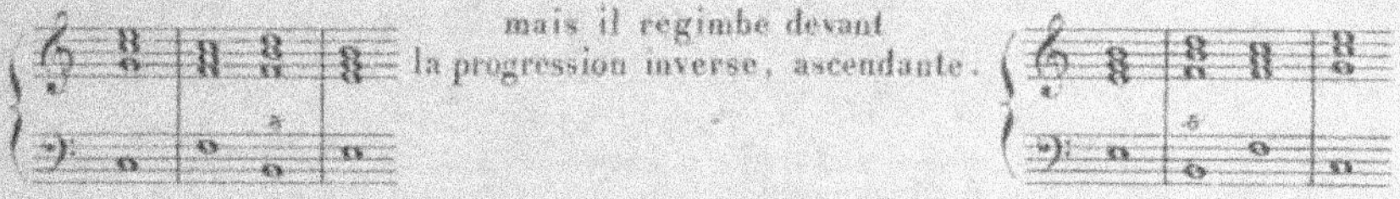

Nous en conclurons donc que *la triade de fausse-quinte ne peut prendre place dans une
progression continue par Quintes ascendantes* (=*Quartes descendantes*).

Dans son 33e problème musical, Aristote demande "pourquoi la succession mélodique se fait plus aisément de l'aigu au grave que du grave à l'aigu?" — La succession des accords appelle la même question et
la même réponse: "Parce que la marche vers l'aigu nécessite un effort qui devient inutile dans la marche
inverse." En règle générale la phrase musicale est ascendante (active) au début, descendante (passive) à
sa conclusion.

§ 63. — Les successions consonantes *par tierce descendante* doivent leur effet agréable à l'alternance continuelle d'un accord parfait majeur et d'un accord mineur. Elles se prolongent à volonté d'un bout à l'autre de la série diatonique, sans admettre d'interversion (§ 56, C). Le mouvement général des parties supérieures, de même que le déplacement de leurs sons individuels, va en sens inverse de la Basse-fondamentale.

Ex. 92.

A la rigueur une telle succession peut se convertir, comme celle par quinte descendante, en une chaîne sans fin, au moyen de l'intercalation d'un accord de fausse-quinte après l'accord de RÉ.

Ex. 92bis

Quand le compositeur veut continuer la succession des tierces descendantes, il passe généralement dans la série diatonique de gauche et réitère plus loin la même transition, s'il le faut. Le final du dernier acte de *Guillaume Tell* offre le spécimen le plus démonstratif d'un pareil enchaînement.

Ex. 93.

p. 228 et suiv. de la grande partition.
Lucien Grus et Cie, Éditeurs-propriétaires.

Dans cet exemple, et dans la plupart de ceux que nous empruntons aux œuvres des maîtres, nous nous contentons de donner l'harmonie toute nue, dépouillée des figures d'accompagnement (arpèges, batteries, etc.), ainsi que des dessins mélodiques secondaires.

§ 64. — Les trois dernières successions consonantes dont il nous reste à montrer la réalisation: par tierce ascendante, par degrés conjoints ascendants et descendants (§ 56, D), dépendent dans une large mesure, quant à leur mise en œuvre, du système tonal où elles viennent à figurer. Aucune n'est apte à se prolonger en série continue; chacune d'elles se borne à former des enchaînements de deux ou (tout au plus) de trois accords.

A. Succession des fondamentales *par tierce ascendante*. L'alternance du majeur et du mineur a quelque chose de plus inattendu que dans la succession descendante. Déjà nous avons montré des enchaînements de deux accords (Ex. 86, c, d). Voici les suites de trois accords qui se rencontrent le plus fréquemment.

L'accord de fausse-quinte n'est pas plus admis ici que dans la succession continue par Quintes ascendantes (=Quartes descendantes).

B. Successions d'accords parfaits *par degrés conjoints*. Elles ont généralement lieu *par seconde majeure ascendante ou descendante*. Les réalisations usuelles ont été données ci-dessus (Ex. 88). Il nous reste à ajouter deux observations:

1° Le passage d'un accord majeur à un accord mineur, ou vice versa, est plus agréable que la succession immédiate de deux accords mineurs ou même de deux accords majeurs, bien que ce dernier cas ne soit nullement rare.

2° Une succession de deux accords parfaits *par demi-ton diatonique* est impossible d'UT à SI ou de SI à UT, puisque SI ne porte de triade consonante. De MI à FA (a), elle se rencontre souvent, encadrée dans une progression alternante; de FA à MI (b), elle est peu commune mais non pas totalement inusitée.

Ex. 95

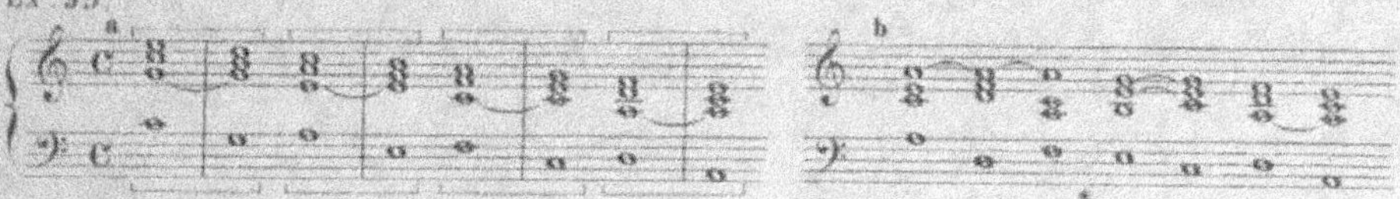

§ 65 — Quand, au lieu de la fondamentale, la tierce d'un accord parfait se trouve à la Basse, on est en présence du premier renversement, disposition dénommée communément *accord de sixte (et tierce)*. La tierce et la sixte sont mineures, si elles appartiennent à un renversement de la triade majeure; par contre elles sont majeures si elles proviennent d'une triade mineure. Notation chiffrée: $\frac{6}{3}$ ou 6.

Accords de sixte et tierce mineures : 1er renversement des triades de FA, UT, SOL.

Accords de sixte et tierce majeures : 1er renversement des triades de RÉ, LA, MI.

A. Le premier renversement de l'agrégation de fausse-quinte (§ 50), souvent assimilé dans la pratique à la disposition correspondante d'un accord parfait (§ 45, C) et noté de même en chiffres (6 ou $\frac{6}{3}$), se compose de tierce mineure et sixte majeure.

§ 66. — Nous avons déjà rencontré, parmi les spécimens de polyphonie populaire, de longues suites d'accords de sixte réalisés à trois parties, et se mouvant parallèlement en guise d'échelles polyphones (§ 45, C). Les deux parties supérieures elles-mêmes présentent constamment une position identique: interverties, elles violeraient une des règles fondamentales de notre orthographe harmonique: elles feraient entendre des suites de Quintes (§ 59, B). *La faculté de se mouvoir par degrés conjoints à la manière de sons purement mélodiques, et sans souci des mouvements de la Basse-fondamentale, est une particularité qui distingue l'accord de tierce et sixte de toutes les autres agrégations consonantes connues dans notre art européen.* Il est à remarquer toutefois que l'identité absolue des mouvements individuels ne subsiste plus quand de pareilles suites, encadrées par d'autres accords, se réalisent à quatre parties. La partie ajoutée (d'habitude le *Ténor*), uniquement employée à redoubler tantôt l'un, tantôt un autre des sons de l'accord, a par cela même une marche différente, et souvent inverse, de celle des trois autres parties.

Ex. 96.

A. L'accord de sixte ne s'emploie pas seulement par séries plus ou moins prolongées. Souvent destiné à rompre l'uniformité d'une succession de fondamentales, il s'interpose, soit isolément, soit par groupes de deux ou de trois, entre les accords non renversés. Au premier cas on redouble de préférence la sixte (a, b, e), sinon la tierce (c, d, f).

Ex. 97.

Succession des fondamentales par quinte descendante:

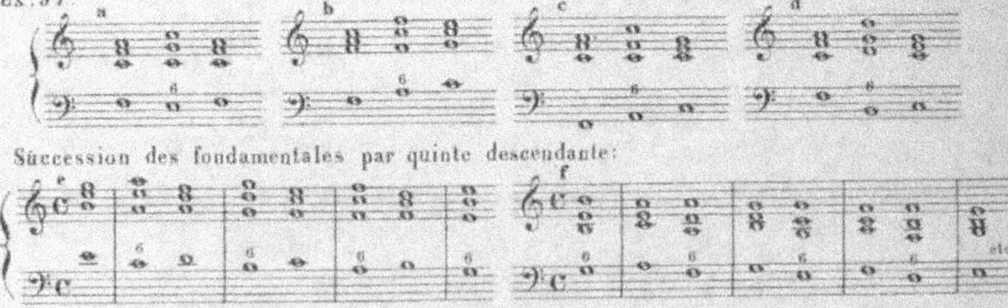

Lorsqu'il y a succession immédiate de deux ou trois accords de sixte, le redoublement de la note de Basse s'impose généralement pour l'un d'eux.

Ex. 98.

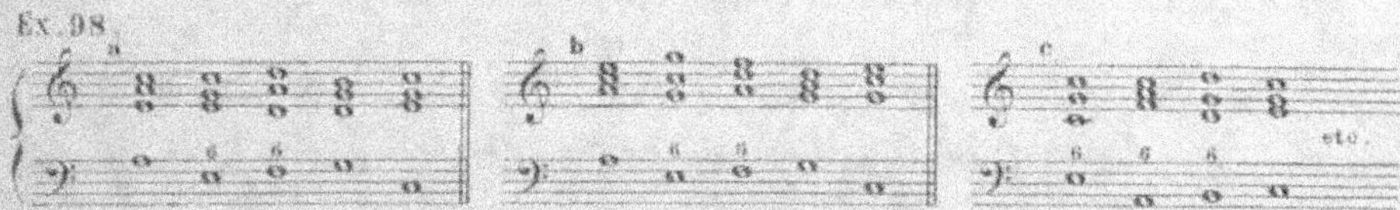

§ 67. — Quand la Quinte de la triade consonante est à la Basse, on a devant soi le second renversement, dit *accord de Quarte et sixte* (§ 49, B); sixte majeure si l'accord fondamental est majeur, sixte mineure s'il est mineur. Notation chiffrée: $\frac{6}{4}$.

Accords de Quarte et sixte majeure, second renversement des triades de FA, UT, SOL.

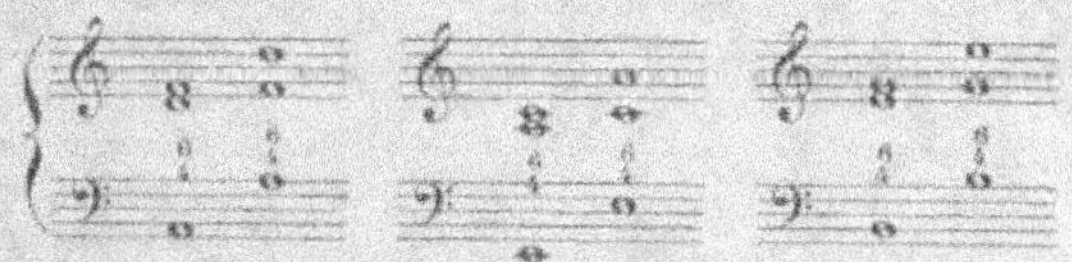

Accords de Quarte et sixte mineure, second renversement des triades de RÉ, LA, MI.

Cette interversion de l'accord parfait, par laquelle le son fondamental devient la Quarte de la note de Basse, n'est pas d'usage commun (§ 7, C); son emploi, qui sera enseigné dans l'Étude suivante, est étroitement lié au mécanisme polyphone du système tonal. Dans toutes les classes d'accords, le deuxième renversement, qui convertit la Quinte fondamentale en Quarte, a un emploi plus limité que les autres dispositions.

A. Le second renversement de l'accord neutre de fausse-quinte (§ 50) fait entendre *le triton et la sixte majeure de la note de Basse*. Notation chiffrée comme ci-dessus. Dans l'École française + devant le 4 marque le triton (et généralement la note sensible).

En aucun cas ce renversement n'est admis à se substituer, comme les deux autres dispositions de l'accord, au renversement correspondant d'un accord parfait.

QUATRIÈME ÉTUDE

Le Majeur diatonique dans l'art moderne

PREMIÈRE SECTION

Constitution harmonique du Majeur polyphone

§ 68. — En tant que succession mélodique, notre gamme majeure ne diffère en rien de la plus récente des six échelles modales en usage dans le chant homophone: celle du mode d'UT, bâtie sur la consonance fondamentale UT (_mi_ sol (§§ 20, 37). Mais dans notre art actuel l'échelle d'UT n'est pas un type mélodique se produisant normalement à côté de cinq autres échelonnements d'intervalles diatoniques. Chez nous *il n'existe plus d'autre mode diatonique que la gamme majeure.* Elle est devenue depuis trois siècles le Majeur unique, l'échelle-mère dont toutes les autres, mineures ou chromatiques, s'envisagent comme des modifications obtenues par flexion ou altération des tierces consonantes. Il s'ensuit de là que *chacun des sons d'une série diatonique occupe aujourd'hui sa place fixe sur un des échelons de l'échelle-type des modernes. Le second terme de la série, prise de gauche à droite, est invariablement le degré initial et final de la gamme: la Tonique, fondamentale du système entier.*

	Sous-dominante	TONIQUE	Dominante				
	IVᵉ degré	Iᵉʳ degré	Vᵉ degré	IIᵉ degré	VIᵉ degré	IIIᵉ degré	VIIᵉ degré
En *si*	mi	SI	fa$\sharp$	ut$\sharp$	sol$\sharp$	ré$\sharp$	la$\sharp$
En *mi*	la	MI	si	fa$\sharp$	ut$\sharp$	sol$\sharp$	ré$\sharp$
En *la*	ré	LA	mi	si	fa$\sharp$	ut$\sharp$	sol$\sharp$
En *ré*	sol	RE	la	mi	si	fa$\sharp$	ut$\sharp$
En *sol*	ut	SOL	ré	la	mi	si	fa$\sharp$
En UT	*fa*	UT	*sol*	ré	*la*	*mi*	*si*
En *fa*	si$\flat$	FA	ut	sol	ré	la	mi
En *si* $\flat$	mi$\flat$	SI$\flat$	fa	ut	sol	ré	la
En *mi* $\flat$	la$\flat$	MI$\flat$	si$\flat$	fa	ut	sol	ré
En *la* $\flat$	ré$\flat$	LA$\flat$	mi$\flat$	si$\flat$	fa	ut	sol
En *ré* $\flat$	sol$\flat$	RE$\flat$	la$\flat$	mi$\flat$	si$\flat$	fa	ut

C'est pourquoi dans nos explications théoriques nous désignerons dorénavant les sept degrés de la gamme-modèle, non plus uniquement par les syllabes guidoniennes (UT, RE, MI etc.) mais aussi par les sept premiers chiffres romains *dénués de tout signe accessoire*: notation qui a l'avantage de laisser apercevoir clairement le mécanisme de la transposition.

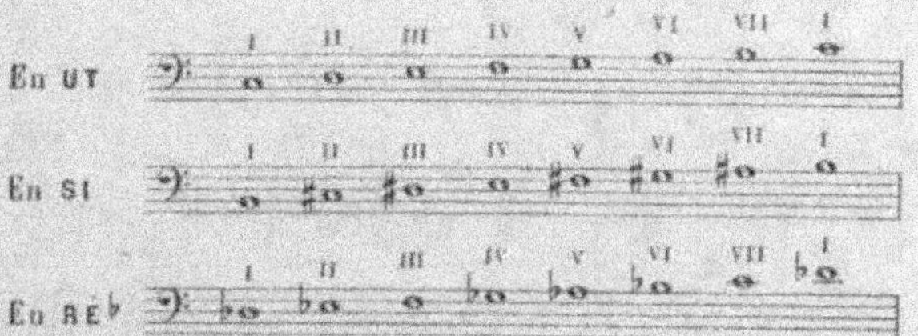

Les degrés abaissés ou haussés, fléchis ou altérés, propres au Mineur moderne ou au Chromatique, seront ultérieurement désignés par l'addition de signes altératifs (exemples: III♭, VI♭, IV♯ etc).

§ 69. — Si les sons et les intervalles de notre gamme majeure concordent entièrement avec ceux du mode homophone d'UT, leurs dessous harmoniques sont tout autres et infiniment plus complexes. L'échelle du mode d'UT (comme celle de chacun des autres modes anciens) a pour support consonant un accord unique, immobile, autour duquel le dessin mélodique se borne à circuler (§§ 17, 36, 37); et trois de ses échelons seulement ont une attribution harmonique nettement déterminée. Notre gamme majeure, au contraire, a pour base consonante une série d'accords toujours en mouvement (§ 42), ce qui fait que chacun des sons de la cantilène comporte, non pas seulement une, mais plusieurs attributions harmoniques.

Ce fait suffit à nous révéler le principe de l'évolution esthétique qui s'est accomplie par la conquête de l'unité tonale dans la musique polyphone (§ 43). Quand la fondamentale UT, deuxième son de la série diatonique, s'est élevée au rang de Tonique universelle et unique, elle a englobé dans son domaine harmonique les cinq autres fondamentales, dont elle a fait ses points d'arrêt, ses haltes passagères. *Les six harmonies diatoniques, qui à la période homophone de l'art musical fonctionnaient séparément, ont agi dès lors en commun sous l'hégémonie de l'une d'elles, l'harmonie d'UT, la triade centrale du groupe ternaire des accords parfaits majeurs* (§ 49, A). L'HEXARCHIE est devenue une MONARCHIE.

Nous avons fixé aux environs de 1600 l'époque où s'est établie l'unité tonale dans la musique polyphone (§ 42, B), innovation qui a eu pour conséquence de faire de notre Majeur diatonique le système-type de l'harmonie moderne. Mais des changements aussi radicaux ne s'effectuent pas en une seule fois, à date fixe; ils présupposent de longs tâtonnements, des essais répétés, des résultats d'abord partiels. Déjà au commencement du XVIe siècle, la musique mondaine, tant vocale qu'instrumentale, nous apporte quelques spécimens qui montrent le Majeur traité d'une manière correcte en polyphonie purement consonante (à part quelques retards).

Ex. 99.

Ex.100. Romance amatoria.

Quant aux accords dissonants, devenus pour nous un condiment presque indispensable dans les cadences conclusives, ils n'y ont pénétré qu'à une date plus récente. La Septième de dominante ne se produit encore guère au XVII° siècle, sinon préparée, ou comme note de passage. La Neuvième de dominante paraît peu avant la dernière moitié du XVIII° siècle.

§ 70. — Les harmonies subordonnées à l'accord fondamental du système entier ne jouent pas toutes un rôle également important dans l'organisme tonal. A cet égard il y a lieu de les diviser en deux classes: 1° les harmonies que nous appellerons *essentielles, nécessaires pour établir et caractériser la tonalité;* 2° les harmonies auxquelles nous assignerons l'épithète de *complémentaires, destinées à diversifier les ressources polyphones du domaine tonal,* en l'explorant dans toute son étendue.

§ 71. — Les *harmonies essentielles* du Majeur moderne sont, outre l'accord parfait de Tonique, les deux triades majeures qui dans la série diatonique ont leur siège à ses côtés: l'une à droite, l'autre à gauche (§ 49, A). Par leur association les trois accords *(Tonique, Dominante, Sous-dominante)* constituent le noyau harmonique, le centre d'activité du domaine tonal.

A eux trois, ces accords comprennent les sept sons de la série diatonique, en sorte qu'ils suffisent pour assigner une fonction harmonique à chacun des degrés de l'échelle majeure, et pour fournir un accompagnement polyphone aux motifs mélodiques les plus simples.

Ex. 103.   Psalmodie du VI⁰ mode de l'Église. (La mélodie liturgique est au Soprano.)

Ex. 104.

Ce dernier exemple, dont le dessin mélodique a été déjà cité séparément (ex. 42), nous donne l'occasion de constater que les cantilènes pentaphones s'associent à une harmonisation complètement diatonique (heptaphone) sans y perdre leur parfum de suave tranquillité.

A. La *triade de Tonique* est l'*alpha* et l'*oméga*, le principe et la fin de toute création harmonique, le centre où viennent converger tous les mouvements mélodiques et polyphones d'un système tonal, où ils trouvent leur aboutissement.

B. L'*harmonie de Dominante* est la cheville ouvrière, l'élément actif du mécanisme polyphone; sa tierce majeure, la *note sensible* (en allemand *Leitton,* note conductrice), mélodiquement attirée vers la Tonique, est l'attribut distinctif de la tonalité moderne. *Sans note sensible l'harmonie simultanée est impuissante à formuler une cadence pleinement conclusive.* C'est l'harmonie de la Dominante qui fait sortir la triade tonale de son inertie, qui marque les demi-repos de la période musicale, qui annonce le retour du motif principal; c'est elle qui, par le mouvement de Quinte descendante, amène le repos final sur la Tonique.

C. *L'accord consonant de Sous-dominante,* satellite de la triade tonale, se borne généralement à jouer auprès d'elle un rôle amplificatif. Ayant son siège à l'extrême gauche du domaine tonal, il lui est impossible de se mouvoir dans cette direction, à moins de sortir du ton. D'autre part il ne s'enchaine pas à l'accord de dominante, les deux harmonies affiliées à la Tonique occupant des degrés contigus de l'échelle diatonique (§ 59, E). Afin d'obvier à ce manque de liaison dans les cadences tonales, *l'accord majeur de Sous-dominante s'allie ou s'identifie volontiers avec son mineur relatif posé sur le II⁰ degré.* En effet ce dernier accord, se trouvant à la Quinte aiguë de la Dominante, en est le précurseur naturel (§ 73).

D. Outre son accord parfait, la Dominante exhibe encore, en qualité d'harmonies essentielles du Majeur, deux accords dissonants: l'un de Septième (§ 54, A), l'autre de Neuvième (§ 52, A).

$$\left.\begin{matrix} IV \\ II \\ VII \\ V \end{matrix}\right] \qquad\qquad \left.\begin{matrix} VI \\ IV \\ II \\ VII \\ V \end{matrix}\right]$$

La présence de la fausse-quinte, l'intervalle compréhensif du majeur diatonique, dans la Septième de dominante, donne à la cadence parfaite une grande énergie conclusive, laquelle se trouve accrue jusqu'à dépasser son but quand une seconde dissonance, la neuvième, vient se superposer à la septième.

§ 72. — *Les harmonies complémentaires du Majeur diatonique* sont, ainsi que l'indique leur nom, les trois accords parfaits mineurs qui, vers la droite, complètent et limitent son domaine polyphone (§ 49, A). En les disposant sur une ligne horizontale à la suite des trois accords essentiels, on embrasse d'un coup d'œil tout l'organisme consonant du système fondamental de la musique européenne.

Accords essentiels						Accords complémentaires						
Sous-dominante		Tonique		Dominante		II⁰ degré		VI⁰ degré		III⁰ degré		
IV	VI	I	III	V	VII	II	IV	VI	I	III	V	VII
FA	la	UT	mi	SOL	si	RÉ	fa	LA	ut	MI	sol	SI

A. Chacun des trois accords dont se compose le groupe complémentaire est le relatif mineur de la triade majeure correspondante, et le groupe entier offre pour ainsi dire une image fidèle, mais plus faiblement colorée, du groupe essentiel. En effet l'accord central du groupe complémentaire, le VI⁰ degré, le relatif mineur de la Tonique du Majeur diatonique, se montre entouré de deux autres accords mineurs, de même que la Tonique elle-même est flanquée à droite et à gauche de ses deux auxiliaires majeurs: la Dominante et la Sous-dominante.

B. Les deux groupes d'accords sont reliés entre eux par le II° degré de la gamme majeure (RÉ), situé au milieu exact du domaine tonal, en sorte qu'il a un pied dans les deux camps On verra tout à l'heure les conséquences importantes de cette situation mitoyenne.

C. Dans le fonctionnement ordinaire de l'organisme tonal, le groupe complémentaire sert principalement à élargir le cadre des périodes polyphones, en prévenant le retour trop fréquent des chutes de phrase, des cadences. Habilement mêlés aux triades essentielles, les accords complémentaires procurent à la Basse-fondamentale des mouvements de tierce, que le groupe principal ne lui fournit pas, et interrompent ainsi agréablement la continuité monochrome des accords parfaits majeurs. Grâce à cet accroissement du matériel polyphone, tous les degrés de l'échelle mélodique deviennent aptes à recevoir successivement plusieurs attributions harmoniques. Quatre échelons de la gamme majeure (la Tonique, le III° degré, le V° et le VI°) apparaissent dans la cantilène, tantôt comme fondamentale d'un accord parfait, tantôt comme tierce, tantôt comme Quinte; trois échelons ne fonctionnent qu'en deux qualités: le II° est fondamentale ou Quinte; le IV°, fondamentale ou tierce; le VII°, Quinte ou tierce.

Ex. 105.

§ 73. — Nous venons de signaler dans la disposition consonante du majeur diatonique la situation particulière du II° degré de l'échelle (§ 72, B): trait d'union entre les deux catégories d'accords primaires, cet échelon est à la fois Quinte de la triade majeure de dominante et fondamentale de l'accord mineur du II° degré. Or nous savons que le mouvement en quelque sorte naturel de la Basse-fondamentale est celui de Quinte descendante (§ 56, A). En tant que siège d'un accord primaire, le II° degré est donc à la Dominante ce que celle-ci est à la Tonique: son avant-coureur attitré. En cette qualité *l'harmonie complémentaire du II° degré est admise à faire fonction d'essentielle*, soit en se substituant purement et simplement à son relatif majeur, l'accord de sous-dominante (§ 86), soit en se conjoignant avec lui (§ 87), afin d'introduire dans les deux cadences principales, et immédiatement avant l'accord de dominante, un accord dissonant posé sur le II° degré: Septième de deuxième espèce (§ 51, B) ou parfois Neuvième majeure de deuxième espèce (§ 52, B).

$$
\begin{array}{cc}
& \text{III} \\
\text{I} & \text{I} \\
\left[\begin{array}{l}\text{VI}\\\text{IV}\\\text{II}\end{array}\right. & \left[\begin{array}{l}\text{VI}\\\text{IV}\\\text{II}\end{array}\right.
\end{array}
$$

Comme la triade consonante du II° degré, dont ils procèdent, ces deux accords dissonants sont alliés à la famille de la Sous-dominante et viennent augmenter conséquemment l'entourage immédiat de la Tonique.

A. Le groupe complémentaire du majeur diatonique ne fournit pas d'autres dissonances au système tonal. Il résulte de là que *le pouvoir d'engendrer des accords de septième et de neuvième est le privilège exclusif des harmonies situées aux confins des deux groupes:*

la Dominante et le IIe degré. Ni la Tonique, ni son double, le VIe degré, ni la Sous-dominante, ni son opposé, le IIIe degré, (v. § 72) n'introduisent une agrégation dissonante dans l'organisme fondamental de la musique moderne.

§ 74. — *Dans les passages épisodiques du discours polyphone, le lieu de sujétion qui unit les cinq triades subordonnées à leur consonance souveraine, la Tonique, tend à se relâcher, voire à se dénouer par moments.* Les formules de cadence disparaissent; les six accords consonants agissent sur le pied d'une égalité parfaite, et leur enchaînement n'est plus réglé dès lors que par les principes généraux de la succession des harmonies diatoniques (§§ 56,64).

A. *Chacune des triades,* ayant repris son autonomie primitive, *devient apte à s'ériger momentanément en Tonique* (§ 54), à former le centre passager d'un mouvement harmonique. Pour cela il faut qu'elle trouve à ses côtés, et *sans sortir des limites du système,* l'introducteur indispensable: un accord parfait ou de septième faisant office d'harmonie de dominante. Ainsi se produisent les *modulations introtonales,* transitions intérieures qui n'entraînent pas le déplacement du système tonal. Elles sont fréquentes et variées en mineur et en chromatique, systèmes s'étendant sur une longue série de sons (§ 12). *En majeur diatonique,* où le domaine sonore est enserré dans les limites les plus étroites, *les modulations introtonales n'apparaissent qu'à l'état rudimentaire: chacune des toniques momentanées, majeure ou mineure, se fait précéder d'une Dominante occasionnelle dont l'harmonie, consonante ou dissonante, est donnée par l'échelle diatonique.* Et il est à remarquer que ces passages, où s'abolit la hiérarchie des fonctions tonales, sont les seuls où les quatre variétés originelles de l'accord de septième (§ 51) trouvent leur emploi normal.

B. En somme les excursions transitoires du Majeur diatonique s'effectuent généralement sous forme de *progressions* (§§ 56, 60), lesquelles sont tantôt consonantes en entier (ex. 90,91, 92,95,97,e,f), tantôt composées d'une suite symétrique d'accords alternativement dissonants et consonants, tantôt enfin formées d'un enchaînement ininterrompu d'accords dissonants. En prenant fin, la progression rentre dans l'ordre hiérarchique du système tonal par l'harmonie de la Dominante, normalement précédée d'un accord du IIe degré; accords qui préparent et annoncent le retour de la Tonique souveraine.

DEUXIÈME SECTION

Les harmonies essentielles du Majeur diatonique

§ 75. — Le jeu des trois harmonies essentielles, dans leur structure consonante, suffit pour donner au discours polyphone ses éléments indispensables (§ 71), en même temps que ses divisions rhétoriques marquées par des arrêts ou cadences. Dans notre art européen *les cadences organiques de la phrase musicale ont pour aboutissant un des trois accords parfaits employé à son état direct.* Ces arrêts se marquent en certains cas par un point d'orgue (⌒), et nous ferons de même dans la plupart des exemples suivants.

Les cadences harmoniques, virtuellement impliquées dans la succession des accords et leur position rythmique, ne doivent pas être confondues avec les interruptions arbitraires du discours musical, marquées également par un point d'orgue. Ici la seule fantaisie du compositeur détermine l'arrêt, lequel a lieu sur toute espèce d'accord et relève uniquement du goût individuel.

A. La triade de tonique, précédée à volonté d'un accord de dominante, en guise d'introduction ou *d'anacrouse* (ex. 105), ouvre le défilé des accords, de même qu'elle termine les grandes divisions du discours musical, toujours amenée par une harmonie de dominante (§ 71, A, B). Une telle formule terminative, la seule indispensable à toute succession polyphone, porte le nom de *cadence parfaite*. Comme la triade finale qu'il précède, *l'accord de dominante doit se trouver à son état direct*. Les accords de sixte et les renversements en général ne sont admis à prendre la place de leur accord direct qu'au cours de la phrase.

Ex. 106.

On obtient une conclusion harmonique plus concise, plus décisive, en faisant précéder la triade de dominante de son opposé, celle de sous-dominante, condensant ainsi en quatre accords une période musicale complète.

Ex. 107.

B. Quand la succession polyphone doit uniquement servir d'accompagnement à une cantilène vocale ou instrumentale, la disposition des parties supérieures de l'accord final est indifférente. Il en est autrement lorsque le Soprano de l'ensemble polyphone est chargé de faire entendre la mélodie principale. Pour que la cadence parfaite produise une sensation de vrai repos, il faut alors que la cantilène se termine sur la Tonique, laquelle est précédée normalement, tantôt de la note sensible, tantôt du II⁰ degré. Au dernier cas la note sensible, placée dans une des deux parties intermédiaires, abandonne au Soprano la résolution sur la Tonique et descend à la Dominante, pour ne pas dégarnir l'accord final. Au reste on évite, autant que possible, de doubler *à l'unisson* une des parties supérieures, afin de ne pas trop appauvrir la sonorité de ce groupe, souvent assez éloigné de la Basse.

Ex. 108.

Cette dernière réalisation de la cadence parfaite est d'usage constant chez J. S. Bach qui ne se fait pas même scrupule, lorsque la note sensible est au Ténor, de la faire monter à la tierce de la Tonique.

66

Ex. 109. Fin du Choral: *Es spricht der Unweisen Mund.*

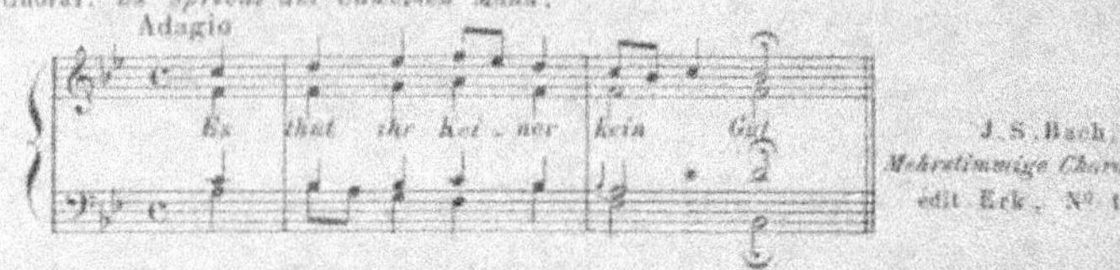

C. Dans le chant monodique pourvu d'un accompagnement instrumental, chacun des sons de la triade majeure de Tonique peut à son tour être appelé à terminer la mélodie vocale, et donner par là une signification expressive à la cadence finale. Seule la terminaison commune, sur la Tonique, est nettement affirmative; elle est en musique ce qu'est le point dans le discours parlé.

Ex. 110.

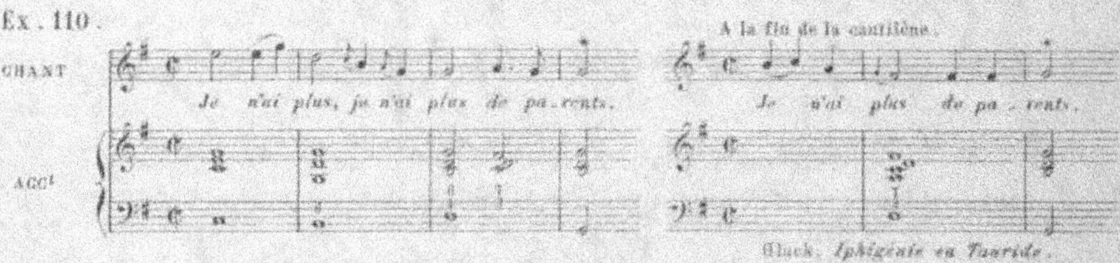

Une cadence mélodique sur la tierce majeure de la Tonique, amenée par un mouvement ascendant, fait entendre une interrogation anxieuse ou craintive; amenée par un mouvement descendant elle exprime la résignation, ou elle est simplement suspendue.

Ex. 111.

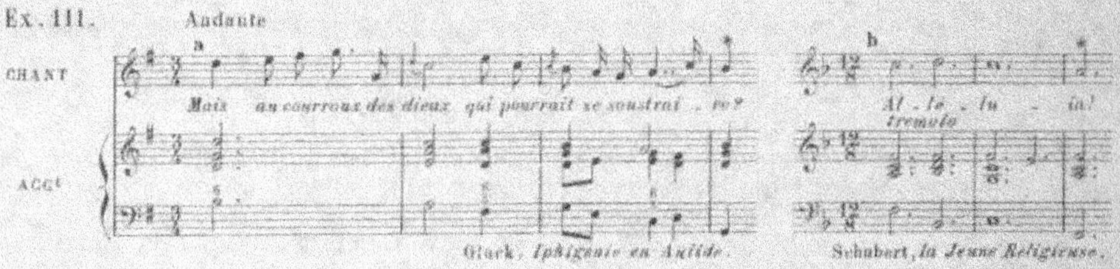

Chez les Anciens, comme chez nous, la tierce de la fondamentale du mode, *quand elle était majeure*, pouvait être le son terminatif de la mélodie (Ex. 53 et 54).

La terminaison sur la dominante aiguë est une exclamation, un appel auquel on n'attend pas de réponse; la finale mélodique sur la dominante grave exprime tout ce qui est vague, indécis....

Ex. 112.

Ces accents du sentiment individuel, puisés à la mélopée du langage passionné, se produisent rarement dans le *chant à plusieurs voix, où l'expression se produit par la succession des accords*, c'est-à-dire par les mouvements simultanés de plusieurs dessins mélodiques.

§ 76. — Tout autant que les cadences dites parfaites, les *arrêts sur la triade de dominante* sont fréquents à l'intérieur de la phrase polyphone. Souvent ils coupent les périodes simples par le milieu, ce qui leur a valu la dénomination de *demi-cadences*, terme que nous conserverons. Dans une succession exclusivement composée d'accords consonants, celui sur lequel s'établit l'arrêt momentané est précédé à volonté d'un accord de tonique ou de sous-dominante, soit direct, soit à son premier renversement. Au point de vue harmonique, la demi-cadence est une cadence parfaite dont l'accord final est supprimé. Elle équivaut au point et virgule de la phrase grammaticale.

Ex. 113.

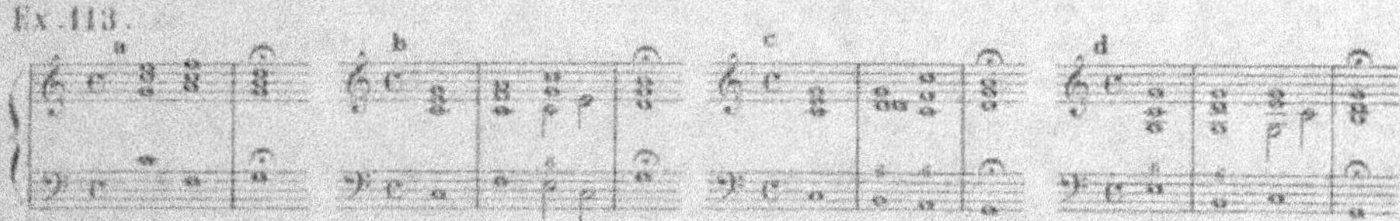

A. Pour éviter la sécheresse inhérente à la fréquente répétition d'une cadence masculine, d'une chute sur le temps fort, on attaque souvent la Dominante à la Basse en faisant entendre tout d'abord le second renversement de l'accord de Tonique, *à la façon d'une double appoggiature consonante*.

Ex. 114.

B. L'interposition de l'accord de Quarte et sixte a pour résultat d'aplanir le passage, tant soit peu abrupt, de la triade de sous-dominante à celle de dominante. Aussi l'accord connectif s'est-il introduit dans la cadence conclusive, où la formule élargie est autant en faveur qu'elle l'est dans la demi-cadence.

Ex. 115.

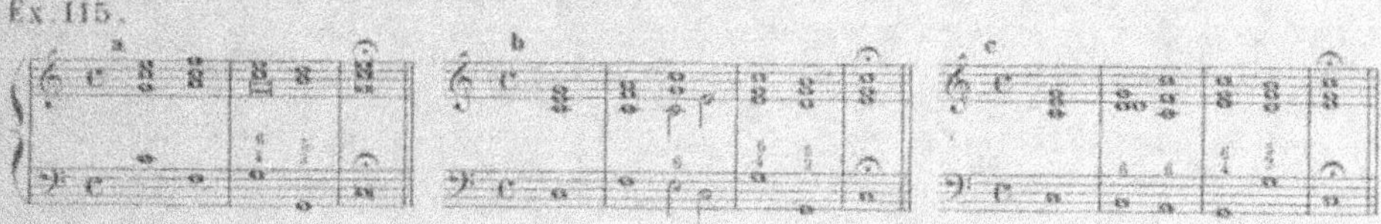

C. La demi-cadence appartient essentiellement au mécanisme harmonique du discours musical. Comme elle ne se produit pas à la fin de la phrase, devant un repos plus ou moins prolongé, sa dernière note mélodique ne laisse pas d'écho dans le sentiment de l'auditeur et n'a pas de signification expressive. Mais elle a souvent une valeur rhétorique. En effet la demi-cadence traduit volontiers une formule interrogative dont le dessin mélodique aboutit à la Quinte de la triade de dominante, au II° degré.

Ex.116.

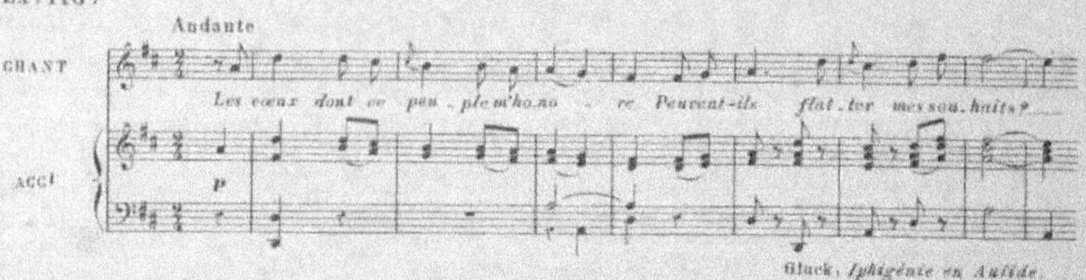

§ 77. — *L'arrêt sur la triade de sous-dominante* ne correspond pas à une des divisions élémentaires de la phrase polyphone; cette troisième cadence tonale n'a pas reçu jusqu'à présent un nom technique. Elle intervient d'ordinaire vers la fin des périodes. Quand une idée musicale assez étendue est uniquement harmonisée par les triades essentielles du Majeur diatonique, une halte sur l'accord parfait de sous-dominante devient à certain moment désirable, pour diversifier tant soit peu les fins de phrase. On pourrait appeler ce repos passager *cadence de prolongement.*

Ex.117.

Tous les Chorals fragmentairement transcrits comme exemples sont tirés de l'œuvre de J. S. Bach; l'harmonisation est reproduite textuellement *partout où elle ne met pas sous les yeux du lecteur des successions ou des accords dont l'explication ne lui a pas encore été donnée jusque là.* Au cas contraire elle est simplifiée. Mais pour que l'on puisse toujours se rendre compte de la version originale, nous indiquons à la fin du fragment le N° du Choral d'après le recueil assez répandu de Ludwig Erk (*J.S.Bachs mehrstimmige Choralgesaenge und geistliche Arien.* Leipzig, Peters).

§ 78. — Une *quatrième formule d'arrêt harmonique* est réalisable à l'aide des seules consonances essentielles du système tonal. De même que la cadence parfaite *elle aboutit à la triade de Tonique, mais précédée cette fois de l'accord parfait de sous-dominante,* et non pas de l'harmonie de dominante. On désigne un tel arrêt sous le nom de *cadence plagale,* c'est-à-dire "oblique," par rapport à la cadence parfaite, justement considérée comme directe, normale (§ 75, A).

Ex. 119. Choral: *Wie schön leuchtet der Morgenstern.*

A. La chute sur l'accord parfait de tonique, précédé de celui de sous-dominante, forme parfois la terminaison ultime d'une grande composition chorale ou organale de style ecclésiastique. C'est là l'emploi que les harmonistes ont plus particulièrement en vue quand ils mentionnent la *cadence plagale.* Ce dernier mouvement de la Tonique vers sa Quinte grave, alors que le morceau semble fini, — généralement la cadence parfaite a précédé, — est d'un effet singulièrement imposant. On en trouve de nombreux exemples dans les oratorios et motets *(Anthems)* de Händel.

Ex. 120. Alla breve

Le mot *plagal* appartient au vocabulaire de l'antique chant chrétien. La cadence désignée actuellement par cette épithète a son origine dans l'harmonisation des antiennes et hymnes du Mode de **SOL** (VII⁰ et VIII⁰ modes ecclésiastiques), dépourvu de note sensible, — portant de cadence parfaite, — et dont les dessins mélodiques ont une tendance à se diriger vers la Sous-dominante.

Ex. 121.

§ 79. — En réalité la formule terminative affectionnée par les maîtres de la musique religieuse aux XVII⁰ et XVIII⁰ siècles n'est pas autre chose qu'une *cadence parfaite amplifiée par l'addition d'une cadence plagale surabondante.* Un tel élargissement harmonique n'est pas réservé uniquement à la conclusion finale; *la demi-cadence comporte une extension correspondante.* (On aura remarqué que dans son emploi originaire, ex. 121, la cadence plagale donne à l'oreille moderne l'impression d'une demi-cadence.)

Ex. 122.

A. Des *cadences amplifiées*, harmoniquement identiques aux précédentes, mais dont la Basse s'abstient d'étaler pompeusement ses notes fondamentales, se pratiquent dans tous les styles musicaux; l'accord amplificatif au lieu de se trouver à l'état direct, est au second renversement.

Ex. 123.

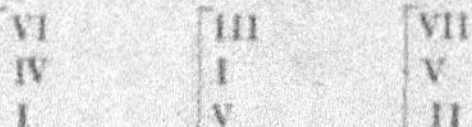

Nous verrons par la suite qu'en général les triades aptes à recevoir un arrêt quelconque possèdent la propriété de susciter autour d'elles des accords amplificatifs très divers, *affranchis souvent de toute dépendance à l'égard de la Basse-fondamentale.*

§ 80. — Déjà on a pu s'apercevoir par quelques-uns des exemples antérieurs que le *second renversement des triades essentielles* ($\frac{6}{4}$) se distingue du premier ($\frac{6}{3}$), en ce qui concerne ses conditions et modes d'emploi, par des particularités caractéristiques. La demi-cadence nous a montré l'accord de Quarte et sixte, V_I_III, comme *double appoggiature consonante* de la triade de dominante (§ 76, A, B); on vient de voir I_IV_VI et V_I_III en fonction d'*accords amplificatifs* (ex. 123). Il nous reste maintenant à définir et à préciser l'usage du second renversement des trois triades essentielles,

$$\begin{bmatrix} VI \\ IV \\ I \end{bmatrix} \quad \begin{bmatrix} III \\ I \\ V \end{bmatrix} \quad \begin{bmatrix} VII \\ V \\ II \end{bmatrix}$$

en tant qu'*accords de liaison*. Ici surtout l'emploi du renversement en question est soumis à des restrictions qui contrastent singulièrement avec les libertés concédées à l'accord de tierce et sixte: 1º *Deux accords différents de Quarte et sixte ne sont pas admis à se succéder;* 2º En prenant un accord de Quarte et sixte et en le quittant pour passer à un autre accord, *la Basse est tenue de procéder par degrés conjoints.*

Ex. 124. **Second renversement de l'accord de Tonique**   **de l'accord de Dominante**

de l'accord de Sous - dominante

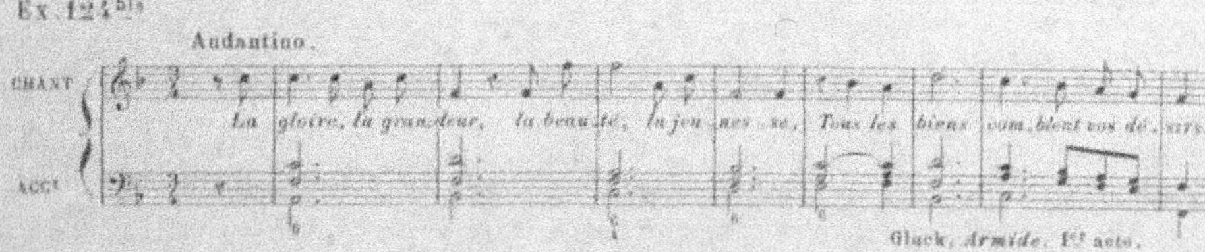

§ 81. — A ne mettre en œuvre que des accords consonants, il en faut quatre au moins pour formuler une proposition harmonique offrant un sens complet et achevé (ex. 107). *Le remplacement de la triade de dominante par l'accord de septième* (§ 71, D), *lequel embrasse les deux bouts opposés de la série diatonique* (IV_VII), *a pour résultat de concentrer dans les deux derniers accords de la cadence parfaite* (Dominante, Tonique) *tous les éléments indispensables du système majeur.*

L'alternance continue de la Septième de dominante et de l'accord parfait de Tonique suffit journellement pour harmoniser des milliers d'airs populaires. Elle a suffi même à de grands maîtres pour construire la charpente polyphone de morceaux entiers. Telle la ravissante cantilène de Lucinde au IVᵉ acte de l'*Armide* de Gluck.

La Septième de dominante étant le premier accord dissonant que nous rencontrons sur notre chemin, il conviendra, avant d'étudier de plus près son usage, de résumer les principales particularités inhérentes aux agrégations inconsonantes en général.

A. Le phénomène physiologique de la *dissonance, entendue hors de tout contexte musical,* se produit par la collision de deux sons qui se repoussent mutuellement (§ 5), sans qu'aucun d'eux, pris isolément, paraisse être la cause principale de l'impression plus ou moins contrariante ressentie par nous. Mais *à l'audition d'un ensemble polyphone,* l'effet est tout autre: *la dissonance se localise dans notre sentiment, qui signale comme note dissonante tout son surajouté à l'accord primaire qui fait la base de l'agrégation.* Si l'accord se compose de quatre sons, la note dissonante sera la plus aiguë, septième de la fondamentale; s'il contient cinq sons deux seront dissonants: la septième et la neuvième. Quand, par l'effet du renversement, ou d'un changement dans la disposion des sons supérieurs, la note dissonante se transporte à la Basse ou dans une partie intermédiaire, sa qualité n'en est pas modifiée.

B. La présence de l'élément dissonant introduit des conditions nouvelles dans la pratique des accords et y a motivé des règles spéciales. Autant les mouvements harmoniques et mélodiques des triades consonantes sont variés et relativement libres, autant ceux des accords dissonants sont limités, régis par des prescriptions restrictives.

C. *Tout accord dissonant doit se résoudre,* c'est-à-dire être suivi d'un accord auquel il se lie d'après certaines règles. Deux sons, au moins, d'une agrégation dissonante, la Basse-fondamentale et la note dissonante, sont astreints à un mouvement déterminé: *la Basse-fondamentale opère son mouvement résolutoire normal par Quinte descendante* ou Quarte ascendante (§ 56, A); *la dissonance* (si elle est simple, la septième) *se résout en descendant au degré diatonique voisin.* S'il y a double dissonance (septième et neuvième), chacune des deux notes dissonantes descend par seconde diatonique.

D. *Certains accords dissonants doivent être préparés:* la note dissonante (simple ou double) doit avoir été entendue, à la partie même où elle se produit, dans l'accord précédent. Cette condition est exigée notamment pour *les agrégations qui, par les sons dont elles se composent, n'indiquent pas clairement leur situation dans la série diatonique:* par exemple la Septième de deuxième espèce, laquelle y occupe trois places (§ 51, B). En conséquence *la préparation est superflue pour les accords dissonants qui renferment la fausse-quinte,* l'intervalle qui embrasse l'entière série diatonique; donc, *ni la Septième de dominante* (1re espèce) *ni la Septième de troisième espèce, ni la Neuvième de dominante n'ont besoin de préparation.*

Beethoven commence, *ex abrupto,* sa première Symphonie par un accord de Septième de dominante:

E. Les accords dissonants se distinguent des triades consonantes sous un autre rapport encore: leurs différents aspects ou renversements sont loin de manifester une individualité aussi marquée. Tandis que l'accord de sixte ne se conforme nullement aux règles qui déterminent la succession des fondamentales (§ 66), et que l'accord de Quarte et sixte lui-même a ses mouvements propres (§ 80), *les renversements des agrégations dissonantes se comportent généralement comme l'état direct, en ce qui concerne la succession harmonique, ainsi que la marche mélodique des parties.* Il s'ensuit de là que l'emploi des accords dissonants, réglé d'une manière en quelque sorte mécanique, est uniforme et facile, comparé à celui des accords consonants.

§ 82. — A son état direct (notation chiffrée $\frac{7}{3}$ ou 7) l'accord de septième de la dominante est universellement adopté depuis deux siècles comme remplaçant de la triade consonante dans la cadence finale: dernier mouvement de la Dominante vers la Tonique. La note dissonante (IV) et la Basse-fondamentale se meuvent conformément à la règle générale (§ 81, C); la note sensible si elle est à la partie mélodique, monte à la Tonique, la Quinte de la dominante (II) est libre de ses mouvements.

A. Si l'on veut entendre résonner les deux accords en entier, et les enchaîner avec une correction méticuleuse, cinq parties sont nécessaires: l'on double la fondamentale de l'accord de septième.

Ex. 127.

B. Toutefois il est possible de compléter les deux accords sans mettre en œuvre plus de quatre parties: tantôt en faisant descendre, dans une des deux parties intérieures, la note sensible à la dominante; tantôt en mettant successivement à la même partie la Quinte de chacun des deux accords, sauf à la faire mouvoir en sens inverse de la Basse.

Ex. 128.

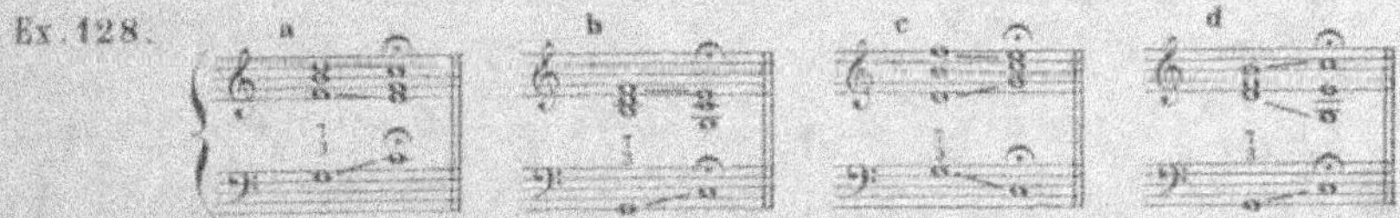

C. Dans la pratique ordinaire de l'accompagnement, on préfère recourir à un des procédés suivants: 1° ou sacrifier la Quinte de l'accord de septième pour conserver celle de la triade de Tonique (a, b, c); 2° ou bien employer les quatre sons de la Septième et abandonner la Quinte de l'accord final (d, e).

Ex. 129.

D. *La Quinte de la Basse-fondamentale est le son dont l'oreille tolère le plus volontiers l'absence réelle* dans les accords proprement dits, c'est-à-dire à fondamentale unique: triades consonantes, Septièmes, Neuvièmes (§ 53). *Étant comprise dans la sonorité de la fondamentale même, la Quinte peut s'éliminer sans que l'accord soit mutilé.* Il en est différemment de la tierce, l'élément premier de la polyphonie européenne. *L'accord parfait sans tierce est un archaïsme* (ex. 99, 100, 101), réminiscence de l'harmonie rudimentaire des déchanteurs.

Parmi les *harmoniques hétérophones* d'une corde vibrante, le plus perceptible à une oreille tant soit peu exercée est la Quinte au-dessus de la première octave du son fondamental, en d'autres termes le son 3 (§ 6).

§ 83. — Les renversements de la Septième de dominante ne sont pas admis à prendre place dans la cadence parfaite, immédiatement avant l'accord de Tonique, puisque celui-ci doit y être précédé d'un accord de dominante, *à l'état direct aussi* (§ 75, ex. 106, 107). Ils se produisent à l'intérieur des membres de phrase, où ils sont fréquemment substitués aux dispositions correspondantes de l'accord consonant de dominante.

A. Le *premier renversement de la Septième de dominante*, composé de tierce mineure, fausse-quinte et sixte mineure, a pour notation chiffrée $\frac{6}{5}$ (en France on écrit communément $\frac{6}{\cancel{5}}$; la barre du 5 désigne la fausse-quinte). A la Basse la note sensible monte à la Tonique.

Ex.130.   a   b   c   d

B. Le *deuxième renversement* se décompose en tierce mineure, Quarte et sixte majeure; notation chiffrée $\frac{6}{4}$ (en France +6; la croix devant un chiffre indique la note sensible). La note de basse, le II° degré, descend à la Tonique (a, c) ou monte au III° degré (b).

Ex.131.   a   b   c

Jusqu'au milieu du XVIII° siècle les compositeurs se sont généralement abstenus de cette disposition de la Septième de dominante; ils la remplaçaient presque toujours par un simple accord de sixte. (Voir ci-après § 85, A.)

C. Le *troisième renversement*, amenant la note dissonante à la Basse, est la plus mordante des quatre faces de l'accord de septième de dominante: elle fait entendre, avec la dissonance de seconde majeure, le triton et la sixte majeure. Notation chiffrée $\frac{6}{4}$ ou $\frac{4}{2}$ (en France +$\frac{4}{2}$ ou simplement +4).

Ex.132.   a   b   c   d

§ 84. — Au lieu d'être *immédiate, la résolution des accords dissonants est parfois médiate,* c'est à dire *différée,* tenue en suspens à l'aide de divers moyens techniques. Pour ce qui est de la Septième de dominante, il suffira de relever ici deux procédés fréquents.

A. *La Basse s'immobilise sur la Dominante;* le mouvement des trois autres parties fait alterner le second renversement de la triade de Tonique avec l'accord de Septième, jusqu'à ce que la fondamentale de celui-ci aille rejoindre enfin la fondamentale du ton.

Ex. 133.

B. *La note dissonante se prolonge dans les trois parties supérieures,* tandis que la Basse et les deux parties restantes, procédant par degrés conjoints et traversant un accord passager ($\frac{6}{3}$ ou $\frac{6}{4}$), aboutissent à une autre disposition de la Septième de dominante.

Ex. 134.

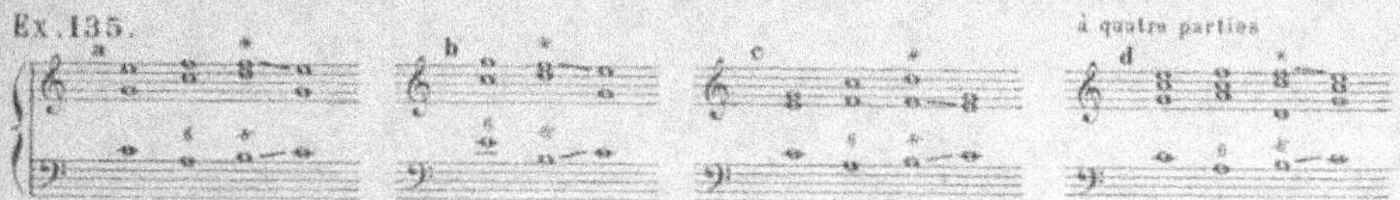

§ 85. — Souvent on rencontre chez les anciens maîtres *l'accord de septième de dominante privé de sa fondamentale.* Après cette ablation qui supprime la base de l'accord, et par là même son état direct, *le premier renversement se trouve être devenu un accord apparent de fausse-quinte,* VII—II—IV (§ 50), et s'indique par la même notation chiffrée (ex.90). Mais *malgré son absence, la fondamentale continue à gouverner la succession harmonique.* La résolution de la note dissonante et la marche des autres sons s'effectuent comme si la dominante se faisait réellement entendre. Trois parties suffisent d'ordinaire pour réaliser cet accord incomplet; à quatre parties la tierce se double.

Ex. 135.

A. Le *premier renversement de l'accord apparent,* deuxième renversement de l'agrégation originelle (§ 83, B), sonne comme un simple accord de sixte exhibant dans les parties supérieures le triton ou la fausse-quinte (§ 65, A). La tierce de la note de basse (c'est-à-dire la note dissonante dans l'accord intégral) est admise à monter aussi bien qu'à descendre (ex. 77, 77bis, 78, 79, 96). *Si la succession des accords se règle sur la Basse-fondamentale, la résolution des dissonances est sujette à se modifier d'après les sons réellement entendus.*

Ex.136.

A quatre parties la note de basse se reproduit assez communément dans une des parties supérieures.

Ex.137.

Mais souvent aussi le son originairement dissonant (IV) se double, et monte d'un degré dans une des parties, tandis qu'il descend dans une autre. Cette manière est particulièrement en faveur chez les maîtres de l'époque de J. S. Bach et de Händel, lesquels emploient régulièrement cet accord de sixte, là où les compositeurs plus récents produisent au complet le deuxième renversement de la Septième de dominante.

Ex.138.

En traitant cet accord de sixte à trois parties, les compositeurs du XVIIe et du XVIIIe siècle ne se font pas scrupule de le disposer de manière à faire entendre dans les deux parties aiguës *une Quinte suivie d'une fausse-quinte, voire même le contraire.*

Ex.139.

Au fond il n'y a pas là une violation formelle de l'ancienne règle, *qui ne prohibe que la succession parallèle de Quintes consonantes.* Toutefois les harmonistes actuels n'écriraient pas de pareilles successions *à trois parties.* Mais ils ne se privent pas de les produire *à quatre parties;*

Ex.139 bis

ce qui cependant dans l'exemple *b* est plus difficile à justifier théoriquement, puisque la note dissonante, même en présence de sa fondamentale avec lequel elle dissonne, monte, au lieu de descendre comme le veut la règle (§ 84, C). Malgré cette circonstance aggravante, le sentiment moderne absout la licence, par la considération que la note dissonante (IV) est résolue dans la Basse (III). C'est une *résolution par échange de parties,* pratique courante aujourd'hui.

B. *Le second renversement de l'accord apparent de fausse-quinte*, troisième renversement de l'agrégation complète, se décompose en triton et sixte majeure; notation chiffrée $\frac{6}{4}$ ou $\frac{6}{+4}$. Sonorité maussade et vide quand elle est appuyée; les successions assez rapides, les timbres aigus lui conviennent le mieux.

Ex.140.

Plus haut (§ 82, C, D) nous avons vu que l'accord de septième de dominante (comme la triade fondamentale) se passe aisément de sa Quinte; le présent paragraphe nous a appris que la fondamentale ne lui est pas indispensable. Il s'ensuit de là que ses notes essentielles sont la tierce et la septième (VII—IV), la sensible et la sous-dominante, formant la demi-consonance de fausse-quinte. En outre il résulte de ces observations que *l'on peut donner l'impression d'accords entiers, tout en ne mettant en œuvre que deux parties*, art auquel l'élève s'initiera en abordant la pratique du Contrepoint.

§ 86. — Ainsi que nous l'avons déjà fait remarquer et qu'on l'a pu voir par maint exemple, aucun son ne relie entre eux les deux accords parfaits qui forment l'entourage immédiat de la consonance tonale (§ 74, C; 75, A). Le besoin de rendre leur succession plus coulante aux principaux arrêts et à la fin des phrases, a fait naître l'idée d'y *remplacer l'accord direct de sous-dominante par le premier renversement de la triade du IIe degré* (§ 73), lequel amène l'accord parfait de dominante, soit directement, soit précédé de sa double appoggiature, le $\frac{6}{4}$ (§ 76, A).

Ex.141.

A. L'état direct de la triade du IIe degré s'est aussi introduit par là dans les deux principales cadences tonales.

Ex.142.

Ex.143.

Le paragraphe suivant va nous montrer la première extension de cette triade, féconde entre toutes, dont les innombrables descendants remplissent les systèmes dérivés, tant chromatiques que mineurs.

§ 87. — *L'accord de septième du II° degré* (II_IV_VI_I) joue dans les arrêts et divisions de la période polyphone le même rôle, mais plus accentué, que les deux triades consonantes dont il procède (§ 73). Il donne un relief marqué à la demi-cadence en amenant l'accord parfait de dominante par une dissonance; du même coup il élargit le cadre de la cadence conclusive par l'introduction d'un nouvel accord de Septième, étroitement lié à celui qui précède la consonance finale. Le mouvement de la Basse-fondamentale (II_V), et la résolution de la note dissonante (I_VII) se conforment à la règle commune (§ 81, C). Il en est de même de la *préparation*, exigée pour cet accord en raison de sa composition (D). La notation chiffrée est la même, à peu près, pour tous les accords de septième réels ou apparents.

Ex.144.

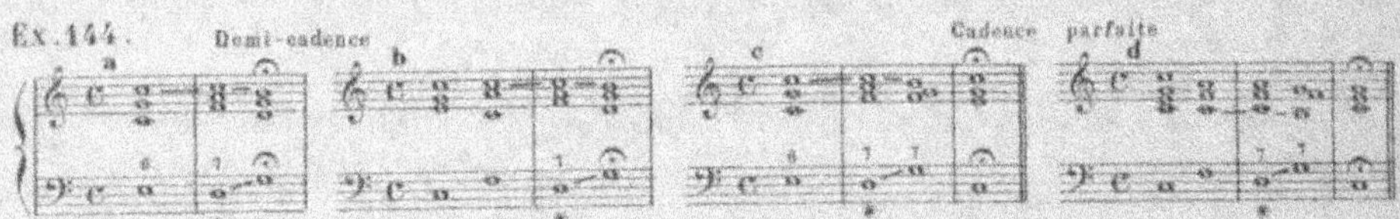

A. La résolution de la Septième du II° degré est facultativement *différée* (§ 84) dans la demi-cadence et la cadence parfaite, par l'interposition de l'accord de Quarte et sixte sur la Dominante, interposition qui se produit exactement comme dans les formules où ce renversement est précédé d'une consonance (ex. 114, 115, 141, 142).

Ex.145.

B. À l'intérieur d'un membre de phrase l'accord direct de septième du II° degré se résout souvent sur un des renversements de la Septième de dominante.

Ex.146.

C. *La préparation de la dissonance peut être sous-entendue*: la Septième du II° degré s'attaque parfois d'emblée après une succession de sons qui accusent la présence implicite de la note dissonante.

Ex.147.

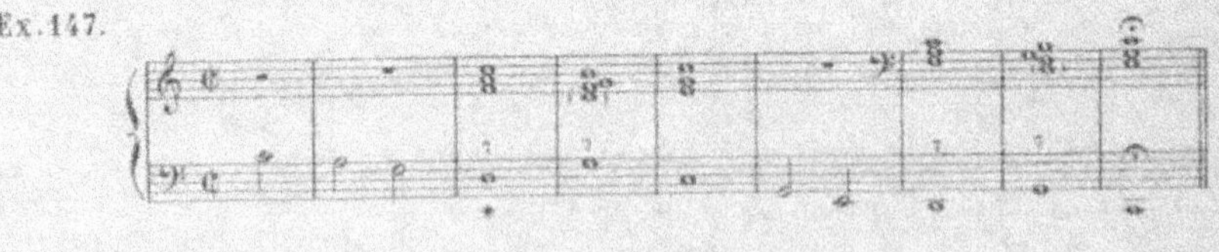

§ 88. — *Les deux premiers renversements de la Septième du II° degré prennent une part active aux deux principales cadences tonales*, et ont conséquemment qualité d'accords essentiels.

A. Le *premier renversement*, composé de tierce majeure, Quinte et sixte majeure, IV_VI_ I_II (notation chiffrée $\frac{6}{5}$), amène à la Basse la Sous-dominante, siège primitif de toute cette famille d'accords (§ 71, C; 73). De même que dans la formule consonante (§ 86), son usage est plus répandu que celui de l'état direct, dont il partage au reste toutes les particularités signalées au § précédent.

Ex. 148.

Ex. 149. Début et fin du Choral *"O Haupt voll Blut und Wunden"* le *Leitmotiv* de la *Passion selon St Matthieu* de J.S. Bach.

Ex. 150. Résolutions sur un renversement de la Septième de dominante — Préparation sous-entendue

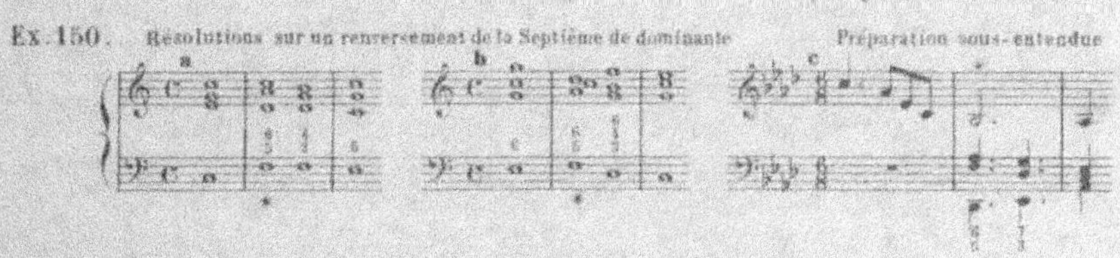

A^bis. L'étroite affinité de ce renversement de la Septième du II° degré avec la triade de sous-dominante se décèle clairement dans une *variante de la cadence plagale* (§ 78) qui a suggéré à Rameau sa théorie de la *sixte ajoutée*. Des dérivés mineurs et chromatiques de la suivante formule d'arrêt se rencontreront plus tard.

Ex. 151.

B. Le *deuxième renversement de la Septième du II° degré* (VI_I_II_IV), se décomposant en tierce mineure, Quarte et sixte mineure ($\frac{6}{4}$), exhibe à la Basse la Quinte de la fondamentale. Comme tous les renversements qui exhibent à l'aigu la fondamentale de l'accord sous l'aspect négatif de la Quarte consonante (§ 7, C), cette disposition est d'un usage assez restreint.

Ex.152. Demi-cadence — Cadences parfaites

Ex.153. dans l'Adagio de la IXe Symphonie de Beethoven.

C. Le *troisième renversement de la Septième du IIe degré*, I_II_IV_VI (anciennement appelé *accord de seconde*), réunit les intervalles de seconde majeure, de Quarte et de sixte majeure; ses chiffres ordinaires sont $\frac{4}{2}$ ou 2. Comme la Basse fait entendre le son dissonant, elle ne peut se mouvoir correctement qu'en descendant sur la note sensible, tierce de l'harmonie de dominante. En conséquence ce renversement n'a pas de place dans les deux principaux actes de cadence.

Ex.154.

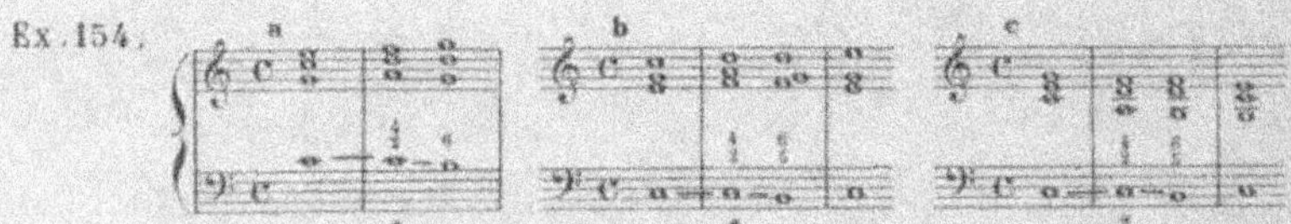

§ 89.— Postérieurement à la création de son accord de Septième, l'harmonie de la Dominante, dans son mouvement vers la Tonique, s'est enrichie d'une seconde agrégation dissonante, de sonorité plus âpre, plus énergique. *Au-dessus de la septième s'est superposée la neuvième*, V_VII_II_IV_VI (§ 71, D), en sorte que l'accord doublement dissonant comprend les quatre sons étrangers à la triade de tonique sur laquelle il se résout. La principale note dissonante, *la neuvième, est un accent mélodique*, une exclamation passionnée, *qui, d'après la règle, doit se faire entendre à l'aigu*; mais pas plus que la Septième de dominante, elle n'a besoin d'être préparée (§ 81, D).

Ex.155. Chant des trois filles du Rhin dans l'*Anneau du Nibelung* de R. Wagner.

B. Schott's Söhne, Editeurs-propriétaires.

19669. H.

A. Embrassant cinq degrés de l'échelle, l'accord de neuvième exige, pour se réaliser complètement, un égal nombre de parties. Non moins que le mouvement harmonique de l'accord, le mouvement mélodique de chacun de ses sons est rigoureusement déterminé. Les deux notes dissonantes, neuvième et septième, descendent simultanément d'un degré; la note sensible monte à la Tonique, de même le II° degré ne peut que monter au III°, sous peine de marcher en Quintes avec la neuvième. Quant à la fondamentale, elle est tenue d'aborder la Tonique par un mouvement ascendant de Quarte (et non pas en descendant de Quinte), pour éviter de se mouvoir dans le même sens que la dissonance principale, contrainte à tomber sur la Quinte de la Tonique. Ceci est un des cas où il convient d'observer l'antique règle des "Quintes cachées" (§ 59, F). La notation chiffrée de l'accord est $\frac{9}{7}$ ou $\frac{9}{7}$. À quatre parties on supprime la Quinte de l'accord, comme toujours (§ 82, D).

Ex. 156.

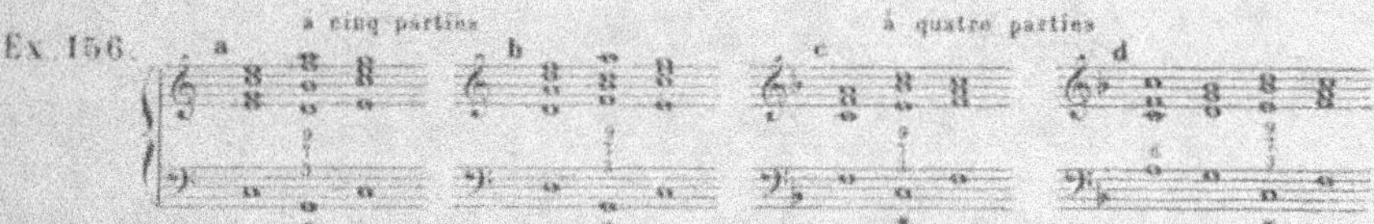

B. *La résolution immédiate de la double dissonance de dominante ne peut aboutir d'emblée au repos tonal:* ceci n'est donné qu'à la dissonance simple et à l'harmonie consonante. Pour que la Neuvième prenne part à une formule de cadence, il faut qu'entre elle et la consonance finale s'interpose l'accord de Septième. On opère cette *résolution médiate* (§ 84) dans l'ensemble polyphone, tantôt sous forme de Pédale (a), tantôt en faisant descendre *par anticipation* la neuvième sur l'octave, tandis que l'accord de Septième continue à résonner (b, c).

Ex. 157.

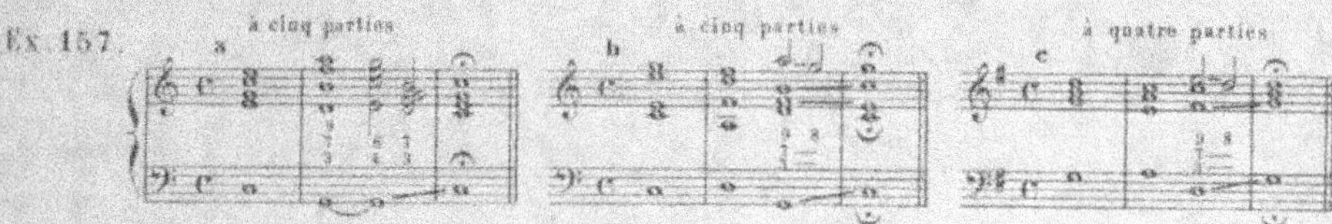

Dans la mélodie monodique la Neuvième de dominante aime à descendre, par un saut des plus expressifs, sur la note sensible qui la porte doucement à son but final (a). De nos jours *on ne craint pas de faire monter la neuvième à la Sensible aiguë*, et de là à la Tonique (b).

Ex. 158.

C. La position de la dissonance principale à l'extrême aigu de l'ensemble, autrefois proclamée obligatoire dans la Neuvième majeure de dominante, a cessé depuis Beethoven, d'être reconnue pour telle.

Ex. 159.

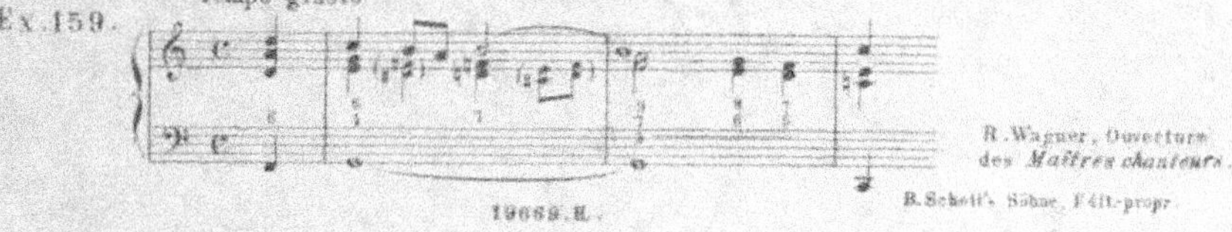

§ 90. — On sait déjà que les accords de cinq sons ne deviennent aptes à se renverser qu'en se privant de leur fondamentale (§ 52, E). L'élimination faite, il reste de la Neuvième de dominante *un accord apparent de septième de troisième espèce*, VII—II—IV—VI (§ 54, C, E), ayant les mêmes renversements et la même notation chiffrée que celui-ci. L'accord apparent possède un nom ancien et commode, *Septième de sensible*, que nous garderons. Comme dans tous les accords analogues, la résolution et le mouvement mélodique des parties sont commandés par la fondamentale absente (§ 85), et la pratique entière ne diffère en rien de celle que le fonctionnement intégral de l'accord nous a fait voir.

A. *Septième de sensible à l'état direct* (VII—II—IV—VI); la tierce de l'accord intégral est à la Basse.

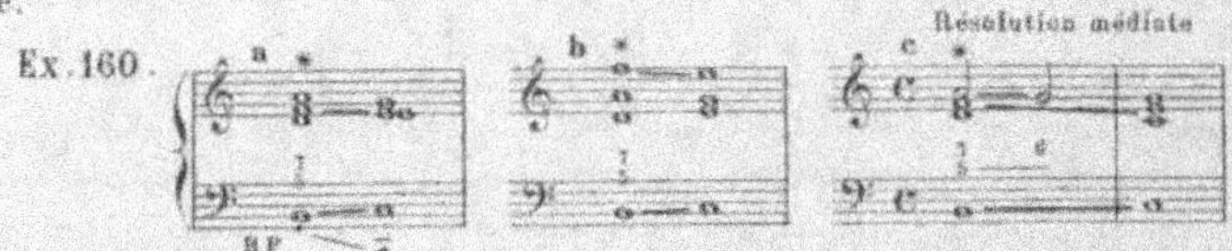

Ex. 160.

B. *Premier renversement de la Septième de sensible* (II—IV—VI—VII); la Quinte de l'accord intégral est à la Basse. Celle-ci est tenue de monter quand la résolution est immédiate (§ 89, A), et en ce cas sa tierce (IV) monte souvent avec elle (c). Dans la résolution médiate, au contraire, la note de basse a toute liberté pour descendre comme pour monter (d, e).

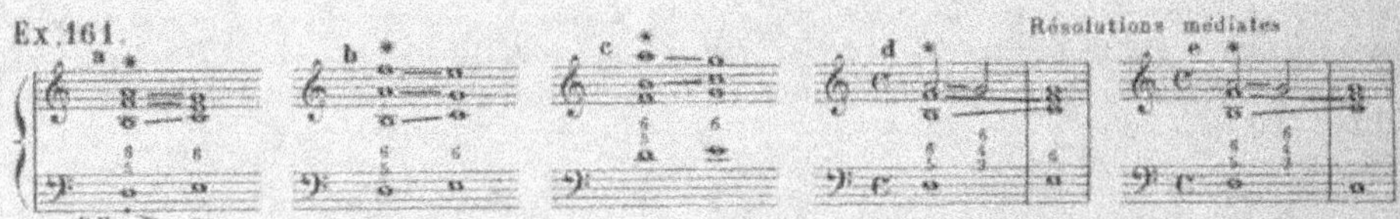

Ex. 161.

C. *Deuxième renversement de la Septième de sensible* (IV—VI—VII—II); la septième de l'accord intégral est à la Basse.

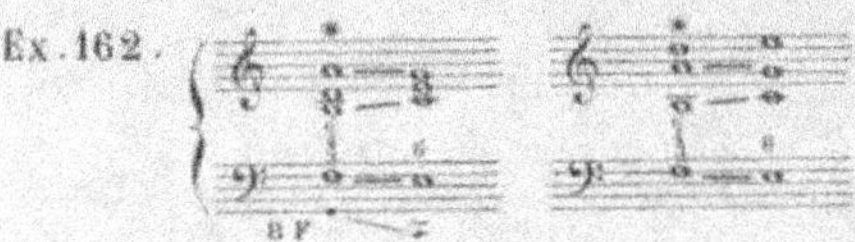

Ex. 162.

Le passage suivant de la Ve Symphonie de Beethoven souleva à l'origine les plus acerbes critiques de la part des professeurs d'harmonie. On ne peut nier que la sonorité ne dût paraître un peu rêche il y a près d'un siècle.

Ex. 163.

D. *Troisième renversement de la Septième de sensible* (VI—VII—II—IV); la neuvième de l'accord intégral est à la Basse. Cette dissonance incontestablement dure, même aux oreilles contemporaines, est préparée le plus souvent, et résolue par l'intermédiaire de la Septième de dominante.

Ex.164.

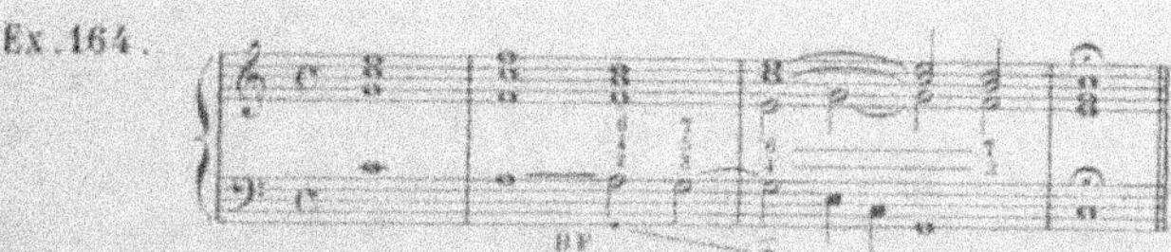

E. Au dedans de l'accord incomplet, les compositeurs modernes réintroduisent souvent, en guise de Pédale, la Dominante, son fondamental de l'agrégation. De même que la plupart des nouvelles combinaisons polyphoniques, celle-ci ne pourrait se traduire en chiffres que par une notation très compliquée, dont on a trouvé bon de s'abstenir.

Ex.165.

§ 94. — *Parmi les harmonies du IIe degré, l'accord de neuvième , II_IV_VI_I_III, a un caractère pareil à celui qu'il exhibe dans les harmonies de dominante:* c'est le superlatif de la Septième, le redoublement de la dissonance (§ 75). Mais ici le son surajouté (III), le principal accent mélodique, engendre avec le IVe degré une dissonance dure entre toutes: la septième majeure (IV_III), équivalente au demi-ton diatonique (III_IV).

Bien que l'accord de neuvième sur le IIe degré ne soit pas d'usage banal sous sa forme diatonique, il n'en appartient pas moins au domaine central de la tonalité; il peut être l'avant-dernier accord de la demi-cadence, l'antépénultième de la cadence parfaite. Au point de vue didactique il a plus d'importance encore. Les flexions et altérations de ses tierces ont fourni aux systèmes mixtes et chromatiques une foule d'accords très usités, dont le fonctionnement ne s'explique que par celui de leur prototype.

A. Le mode d'emploi de cet accord présente peu de particularités notables en majeur diatonique. La Basse-fondamentale et les parties supérieures se meuvent conformément aux prescriptions qui régissent les accords dissonants en général (§ 81, C); *la résolution est tantôt directe, tantôt médiate* (§ 84). Dans ce dernier cas l'accord, avant de se résoudre, se transforme en celui de Septième, comme nous l'avons vu pour la Neuvième de dominante (§ 89, B, ex. 157, b, c). D'après la règle des harmonistes, les deux notes dissonantes doivent être préparées (§ 81, D). Cette obligation, de même que celle de mettre la neuvième à l'extrême aigu, est généralement respectée à l'état direct, dont voici la réalisation normale.

Ex.166.

§ 92. — Élimination faite de sa fondamentale, la Neuvième du II° degré laisse debout *un accord apparent de septième de IV° espèce* (IV_VI_I_III), lequel s'emploie sous ses quatre aspects (§ 51, D, E) et effectue sa résolution, de même que l'accord intégral, sur l'harmonie de dominante: soit directement, soit par l'intermédiaire d'une des dispositions de l'accord de Septième du II° degré. Par brièveté nous appellerons ce nouvel accord apparent *Septième de la Sous-dominante*. Sa notation chiffrée ne diffère pas de celle des autres agrégations de quatre sons. La fondamentale de l'accord originel ayant disparu, sa dissonance secondaire, la Septième, est devenue Quinte dans l'accord incomplet. Consonance dès lors, elle a gagné la liberté de ses mouvements, en sorte qu'une seule note dissonante s'impose encore, la neuvième primitive, la septième apparente.

A. *Septième de sous-dominante à l'état direct* (IV_VI_I_III); la tierce de l'accord intégral est à la Basse. Comme dans les autres accords du II° degré, celle des dispositions qui amène la Sous-dominante à la Basse est la plus universellement pratiquée (ex. 144, 148). Elle aboutit, tantôt directement, tantôt par résolution médiate, aux deux principales cadences du système tonal. Le grand J. S. Bach, qui produit souvent l'accord dont il s'agit, ne s'astreint pas à préparer toujours la note dissonante, ni à la donner invariablement à la partie supérieure de l'ensemble polyphone.

Au lieu d'être séparée de la Septième de sous-dominante par une dissonance mitigée, la Dominante s'attaque souvent sur un accord de $\frac{6}{4}$, comme dans les autres formules de cadence contenant une des harmonies du II° degré (ex. 141, 142, 145, 148, 152).

(1) Les *Cantiques spirituels* de Bach sont cités d'après l'édition des *Œuvres complètes*, tome 39 (Leipzig, Breitkopf et Haertel).

18689. B.

B. *Premier renversement de la Septième de sous-dominante* VI_I_III_IV. La Quinte de l'accord intégral est à la Basse: disposition assez difficile (Comp. § 90, B). *Dans la résolution directe ce son inférieur ne peut se mouvoir que pour monter à la note sensible* (en descendant à la Dominante il marcherait en Quintes avec la note dissonante); cette marche de la Basse aboutit conséquemment, non pas à une des deux principales cadences, mais à un arrêt facultatif sur la Tonique.

Ex.172.

Ex.173. Choral de la *Passion selon saint Matthieu.*

La résolution médiate ou l'interposition préalable de la Quarte-et-sixte sur la Dominante permet à ce renversement de coopérer éventuellement aux deux grandes cadences.

Ex.174.

Rares et peu recherchées en Majeur diatonique, ces réalisations ont une sonorité des plus sympathiques dans les nombreuses variétés du chromatique.

C. *Deuxième renversement de la Septième de sous-dominante* (I_III_IV_VI); la septième de l'accord intégral est à la Basse, et descend normalement à la note sensible pour remonter à la Tonique, ce qui ne donne qu'un arrêt facultatif sur la consonance tonale. Nous voyons là l'accord sous son aspect le plus dur. En Majeur diatonique son apparition a été peu remarquée jusqu'à ce jour; elle ne se signale à la mémoire par aucun exemple frappant.

Ex.175.

D. *Troisième renversement de la Septième de sous-dominante* (III_IV_VI_I); la neuvième de l'accord intégral, la principale dissonance, est à la Basse. *La résolution directe ne nous conduit pas à une cadence;* elle a nécessairement lieu sur le deuxième renversement de la Septième de dominante. Quant à la *résolution médiate*, elle amène l'état direct de la Septième du IIe degré, ce qui nous transporte dans la formule de la cadence parfaite.

Ex.176.   Résolutions directes   Résolution médiate

Un spécimen frappant de cette dernière résolution médiate (c) se rencontre à deux endroits d'une page célèbre (et aujourd'hui populaire): le 1ᵉʳ prélude de la 1ʳᵉ partie du *Clavecin bien tempéré*.

Ex.177.   (suivez de même)   Plus loin

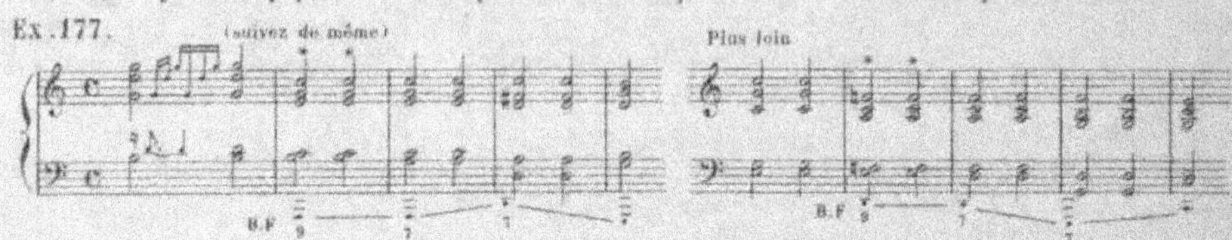

§ 93. — Une dernière agrégation diatonique établie sur le IIᵉ degré, et *théoriquement composée de six sons*, mérite, par exception, d'être signalée ici comme un accord réel, en raison de son emploi semblable à celui de l'accord précédent: il s'agit de la *Onzième du IIᵉ degré*, II—IV—VI—I—III—V (§ 53, A), quand elle précède la Septième de dominante. Dans son usage ordinaire, à quatre parties, l'accord de onzième perd alors la tierce et la septième, en gardant la fondamentale (a); ou bien il conserve la tierce, en se passant de la fondamentale et de la septième (b).

Cadences parfaites

Ex.178.

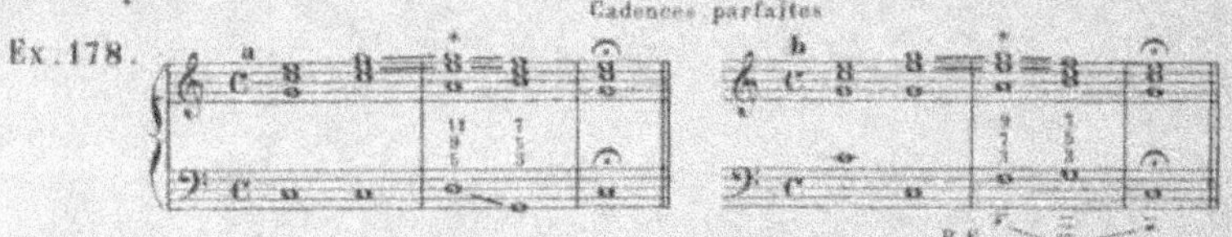

Ou bien encore il se prive de la fondamentale et de la tierce, *ce qui donne au reste de l'accord l'apparence d'une Septième de deuxième espèce* posée sur le VIᵉ degré, laquelle se résout en montant à la note sensible, premier renversement de la Septième de dominante.

Ex.179.

À propos de ce dernier exemple, il est bon de se rappeler que l'accord de onzième se décompose en deux accords de septième, situés à distance de Quinte (§ 53). Ici la présence latente du plus grave des deux se révèle uniquement par le mouvement de la Basse-fondamentale, déterminant la résolution de la dissonance.

TROISIEME SECTION
Les harmonies complémentaires du Majeur diatonique

§ 94. — La composition et les propriétés de ce groupe, ainsi que ses fonctions dans l'organisme tonal, ont été sommairement exposées plus haut (§ 72 et suiv.). *Abstraction faite des cas où les harmonies du IIe degré font office d'essentielles, les accords du groupe complémentaire apparaissent uniquement comme triades consonantes dans les parties de l'œuvre polyphone où la hiérarchie tonale est intégralement maintenue* (ex. 105). C'est dans les passages épisodiques seulement, où tous les degrés de l'échelle majeure sont harmoniquement assimilés entre eux, que chacun des sept échelons de la gamme diatonique devient apte à porter un accord dissonant au même titre qu'un accord primaire (§ 74).

§ 95. — Pour que la sonorité caractéristique des trois triades complémentaires ressorte pleinement, elles doivent se faire entendre à leur état direct et avoir une durée suffisante.

Ex. 180.

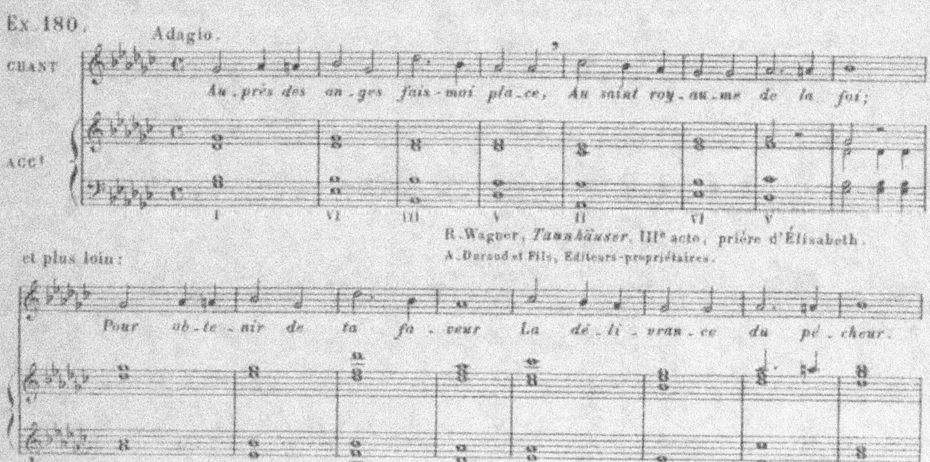

À l'époque moderne les compositeurs se sont fréquemment complu à souligner l'opposition symétrique de Majeur et Mineur par l'alternance répétée de deux accords parfaits exhibant leur fondamentale à distance de tierce. Ce type de succession, transporté dans les systèmes chromatiques et mixtes, a suggéré aux maîtres du drame musical plusieurs de leurs effets les plus saisissants. On reconnaîtra parmi les suivantes formules diatoniques les prototypes de quelques suites d'accords devenus célèbres.

A. Tonique majeure et son relatif mineur.

Ex. 181.

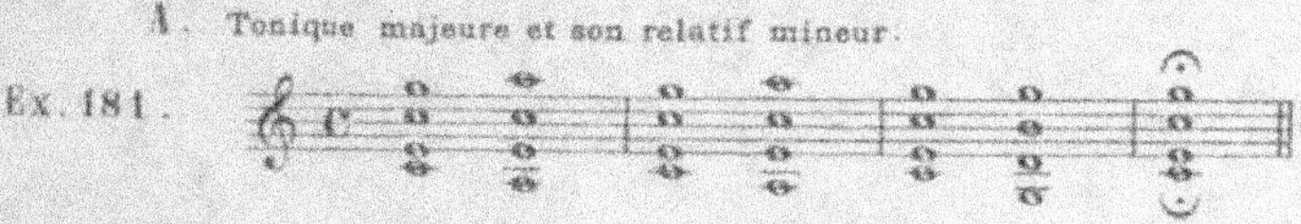

Ce balancement harmonieux de deux accords parfaits a suffi à Wagner pour exprimer la double nature _énergique et tendre_ de son héros Lohengrin.

La même suite harmonique, avec l'interversion du point de départ, a fourni le modèle diatonique des accords terribles de la "Bénédiction des poignards" dans *les Huguenots* de Meyerbeer.

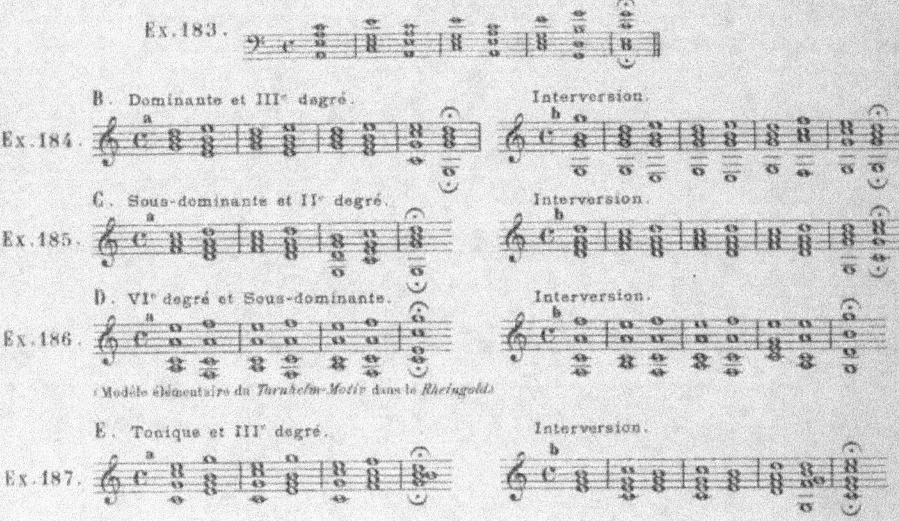

§ 96. _La triade consonante qui occupe le centre du groupe complémentaire, *l'accord parfait du VIᵉ degré a une sorte de prééminence sur les deux accords primaires qui l'entourent.* Pour être intermittente, son intervention dans le mécanisme tonal n'en est pas moins efficace.

A. Au début du morceau cet accord mineur est appelé parfois à remplacer son relatif majeur, la triade fondamentale du ton.

B. Il varie heureusement les formules de demi-cadence et de cadence parfaite en prenant place avant le dernier accord de dominante.

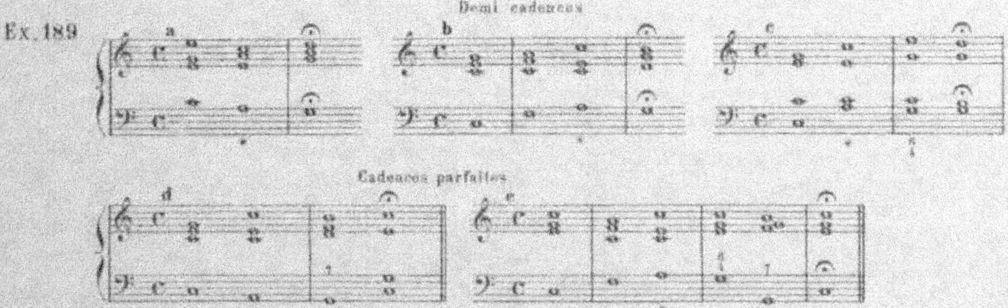

C. Imitant la Tonique, dont il est le reflet, l'accord parfait du VI° degré forme un petit
centre harmonique autour duquel gravitent les deux triades complémentaires qui l'encadrent.
À l'occasion il marque un court arrêt transitoire au cours de la période mélodique.

D. Enfin le relatif mineur de la Tonique a fourni à la polyphonie européenne le type rudimentaire d'un de ses importants procédés techniques, la *cadence rompue*, laquelle se produit
lorsque, au moment même d'aboutir à la cadence parfaite, après l'accord de dominante, le
compositeur esquive ou retarde le repos tonal, faisant entendre un accord inattendu: particulièrement en diatonique l'accord parfait du VI° degré.

Ex.192.

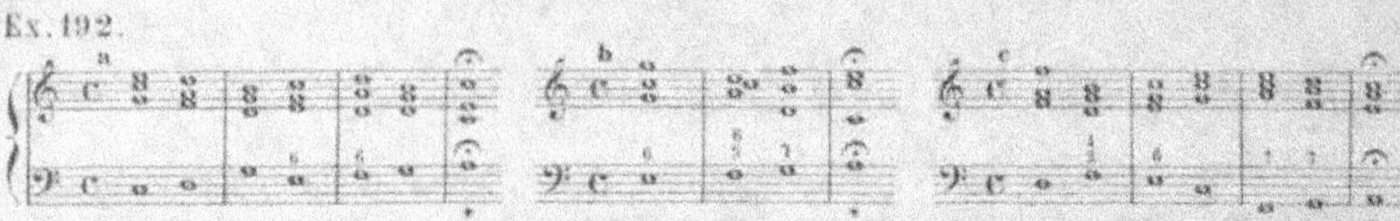

Quelques autres formules diatoniques de la cadence rompue se rencontrent éparses chez les maitres de l'art polyphone, anciens et modernes.

Ex.193.

Ex.193bis.

Dans l'art éperdument chromatique de l'époque actuelle la cadence rompue est avant tout un procédé de *modulation extratonale*; elle sert à remplacer la terminaison finale sur l'accord de tonique par une transition imprévue dans un système tonal souvent très éloigné. Par ce moyen le grand musicien dramatique de notre temps a réussi à éviter toute cadence conclusive pendant des actes entiers, — par exemple dans *Tristan et Iseult*, — réalisant ainsi dans la musique la continuité ininterrompue de l'action scénique.

§ 97. — *Les renversements des triades complémentaires jouent en majeur diatonique un rôle assez effacé.*

A. Le *premier renversement* des trois accords parfaits s'emploie aux mêmes fins et dans les mêmes conditions que les accords de sixte issus des triades essentielles (§ 75, A); sa place est à l'intérieur des membres de la période musicale. Il imprime une allure plus dégagée, un contour plus chantant à la partie de basse.

Ex.194.

B. Quant aux *renversements de Quarte-et-sixte* appartenant au groupe complémentaire, leur usage est des plus rares. Ils ne se produisent ni comme *appoggiatures consonantes*, ni comme *accords amplificatifs*, mais uniquement comme *accords de liaison et de passage* (§ 80), et ne servent guère qu'à relier deux dispositions différentes d'un même accord: particulièrement un accord de septième dont la résolution est tenue en suspens.

§ 98. — La distinction entre les accords essentiels et les accords complémentaires s'évanouit dans les développements épisodiques de la composition polyphone, soustraits à la souveraineté de la Tonique (§ 74). En majeur diatonique ces épisodes se présentent communément sous forme de *progressions alternées*, type de successions harmoniques dont nous avons déjà expliqué le mécanisme (§ 60) et l'origine (§ 54). Dans l'économie d'une composition polyphone *les progressions ont généralement pour point de départ, pour modèle, un enchaînement de deux accords, lequel se transporte successivement sur plusieurs degrés contigus de l'échelle diatonique*; le plus souvent en se dirigeant vers le grave. Sous leur aspect diatonique la plupart des progressions paraissent singulièrement insipides; mais elles acquièrent une saveur plus distinguée dans leurs transformations chromatiques, déjà même en mineur.

§ 99. — Un type de succession dont la fécondité s'étend sur tout le champ de l'harmonie polyphone est celui qui réalise le *mouvement des fondamentales par Quintes descendantes* (§ 56, A). Il amène une égalité momentanée entre tous les accords primaires en assimilant la triade de fausse-quinte aux accords parfaits (§ 61). En outre il rend les sept degrés de la gamme majeure indistinctement aptes à porter un accord dissonant (§§ 74, 94), en sorte que chacun d'eux peut à son tour simuler la qualité de Tonique ou celle de Septième de dominante. En conséquence les progressions alternées par Quinte descendante et Quarte ascendante se produisent tantôt intégralement en accords de trois sons, tantôt en accords de septième suivis chacun d'un accord primaire. Elles se construisent sur le modèle de la cadence parfaite (Dominante-Tonique) *mais rien qu'avec les éléments d'une seule série diatonique*, c'est à dire sans égard à la grandeur précise des intervalles. *Ce sont les primitives ébauches des modulations intro-tonales*, qui tiennent une si large place dans la composition musicale des modernes.

A. *Les accords accouplés sont consonants tous deux*. Des spécimens de cette catégorie de progressions ont déjà été donnés plus haut (§§ 60, 61, 66; ex.97, e, f).

Ex.197.

B. *Les diverses variétés de l'accord diatonique de septième* (§ 51) *alternent avec les accords primaires.* En majeur la Septième de première espèce appartient exclusivement à la Dominante, la Septième de troisième espèce au VIIe degré. L'âpre sonorité majeure de la Septième de quatrième espèce se fait entendre sur la Tonique et la Sous-dominante; quant à la Septième de seconde espèce, que nous connaissons comme accord essentiel (§ 87), elle se pose sur les trois degrés qui portent les triades complémentaires (III, VI, II). Toutes ces agrégations se comportent d'après les règles propres aux accords dissonants (§ 84, C, D); celles qui doivent être préparées le sont par l'effet naturel du mouvement de la Basse-fondamentale. Comme dans les progressions de triades, la fausse-quinte, en émission successive et simultanée, passe sans difficulté.

Ex.198.

Deux de ces accords de septième nous sont déjà apparus dans une autre fonction tonale, partant avec une résolution différente: la Septième de troisième espèce comme Neuvième de dominante sans fondamentale (§ 90), la Septième de quatrième espèce comme Neuvième du IIe degré, fondamentale retranchée (§ 92).

C. La progression ne commence pas nécessairement par son modèle tonal: elle part à volonté de n'importe quelle triade, essentielle ou complémentaire, pourvu que le premier accord de septième, — s'il n'est pas de première espèce, — soit préparé.

Ex.199.

D. Au lieu d'exhiber tous les accords à leur état direct, la progression montre souvent l'un des deux accords accouplés dans son premier renversement. Il arrive même que tous deux sont renversés.

Ex.200.

Renversements de l'ex. 197.

Ex.201.

Renversements de l'ex. 198.

§ 100. — Nous venons de montrer chaque agrégation de quatre sons résolue sur une triade primaire et amenant ainsi un simulacre de cadence parfaite à l'état direct ou renversé. Passons maintenant à un type de progressions *par lequel on obtient une suite ininterrompue d'accords de septième*. Ici le premier accord de quatre sons esquive la résolution consonante en superposant à l'accord parfait une nouvelle dissonance diatonique de septième. Ce procédé se répète et se continue jusqu'à la rentrée dans l'harmonie tonale par la Septième de dominante précédant immédiatement la triade conclusive de Tonique.

Ex. 202. Suite continue de Septièmes à l'état direct (5ᵉ partie *ad lib.* en petites notes).

Ex. 203. Renversements de la progression

§ 101. — *En théorie les quatre espèces diatoniques d'accords de neuvième* (§ 52) *sont aptes à se produire en progressions alternées*, de même que les quatre espèces de Septièmes. Mais dans la pratique, de telles successions exécutées en accords plaqués sont rares aujourd'hui, et ne pourraient guère se prolonger sans devenir intolérablement dures. Aussi sont-elles réservées presque exclusivement pour certains timbres comme l'orgue, où les dissonances sont amenées par la prolongation *effective* d'une partie de l'accord précédent.

Ex. 204. Neuvièmes et accords parfaits.   Neuvièmes et Septièmes

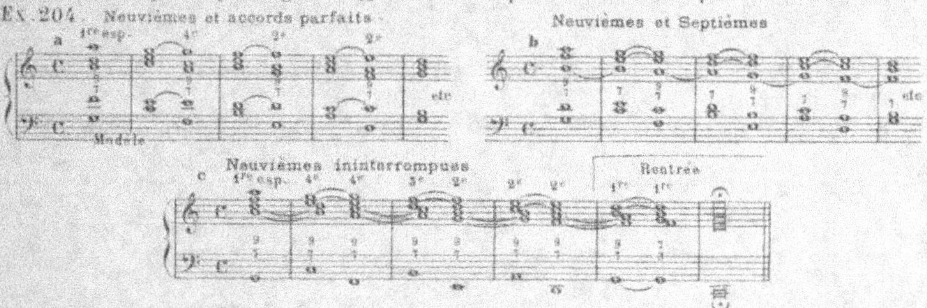

Les successions continues d'accords de neuvième à l'état direct ont une sonorité moins acerbe *quand la dissonance principale opère sa résolution médiate et anticipée* (§ 89, B), et que la partie de basse est rendue plus mobile par l'insertion de notes de passage.

94

Ex.205.

B. Débarrassées de la présence continuelle des sons fondamentaux, les progressions formées à l'aide de l'accord de neuvième perdent leur dureté et deviennent facilement maniables. Mais elles perdent en même temps leur saveur excitante; aussi sont—elles peu mises en œuvre dans la polyphonie diatonique, sauf parfois avec la Pédale (voir ci-après ex. 217). Une seule de leurs variétés mérite d'être relevée ici: il s'agit d'une *progression continue d'accords de neuvième sans fondamentale, résolus médiatement par anticipation.* Deux singularités s'y font remarquer: 1.º une seule des quatre parties bouge à la fois; 2.º chaque couple d'accords exhibe les quatre renversements d'un accord de Septième dans leur ordre régulier.

Ex.206.

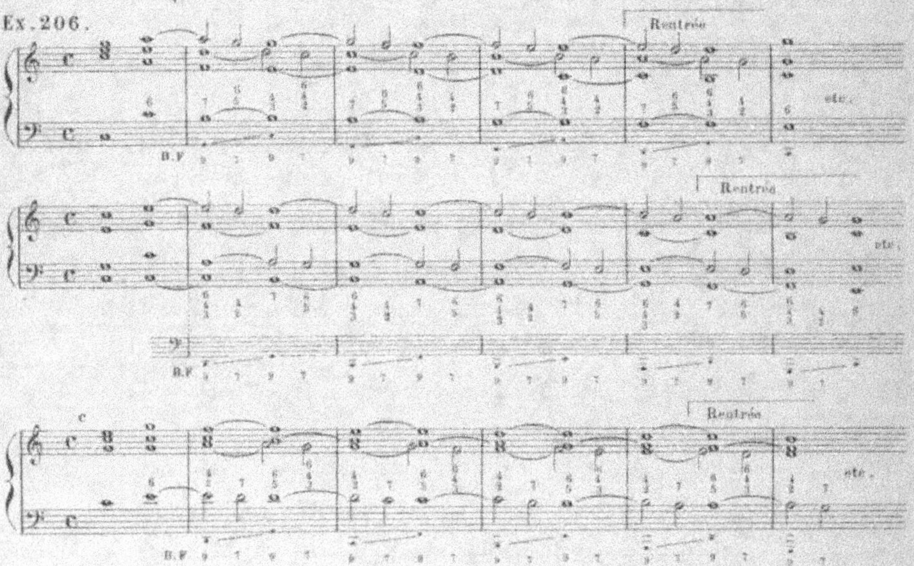

§ 102. — Il existe une seconde catégorie de marches harmoniques. moins importante que celle dont nous venons de montrer les ramifications étendues; *les progressions alternées dont elle se compose n'admettent en diatonique que des accords primaires,* et n'ont pas pour base unique des mouvements de Quinte descendante (=Quarte ascendante): leurs successions fondamentales sont fort diverses. Ces progressions se divisent en deux variétés: les unes peuvent être continuées indéfiniment; les autres sont limitées dans leur parcours.

A. A la première variété appartiennent celles qui procèdent alternativement *par quarte ascendante et tierce descendante* (ou vice versa), mouvements favorables à l'admission de l'accord de fausse-quinte parmi les triades consonantes (§§ 60, 61, 63). *De pareilles progressions possèdent le privilège de se prolonger au gré du compositeur.*

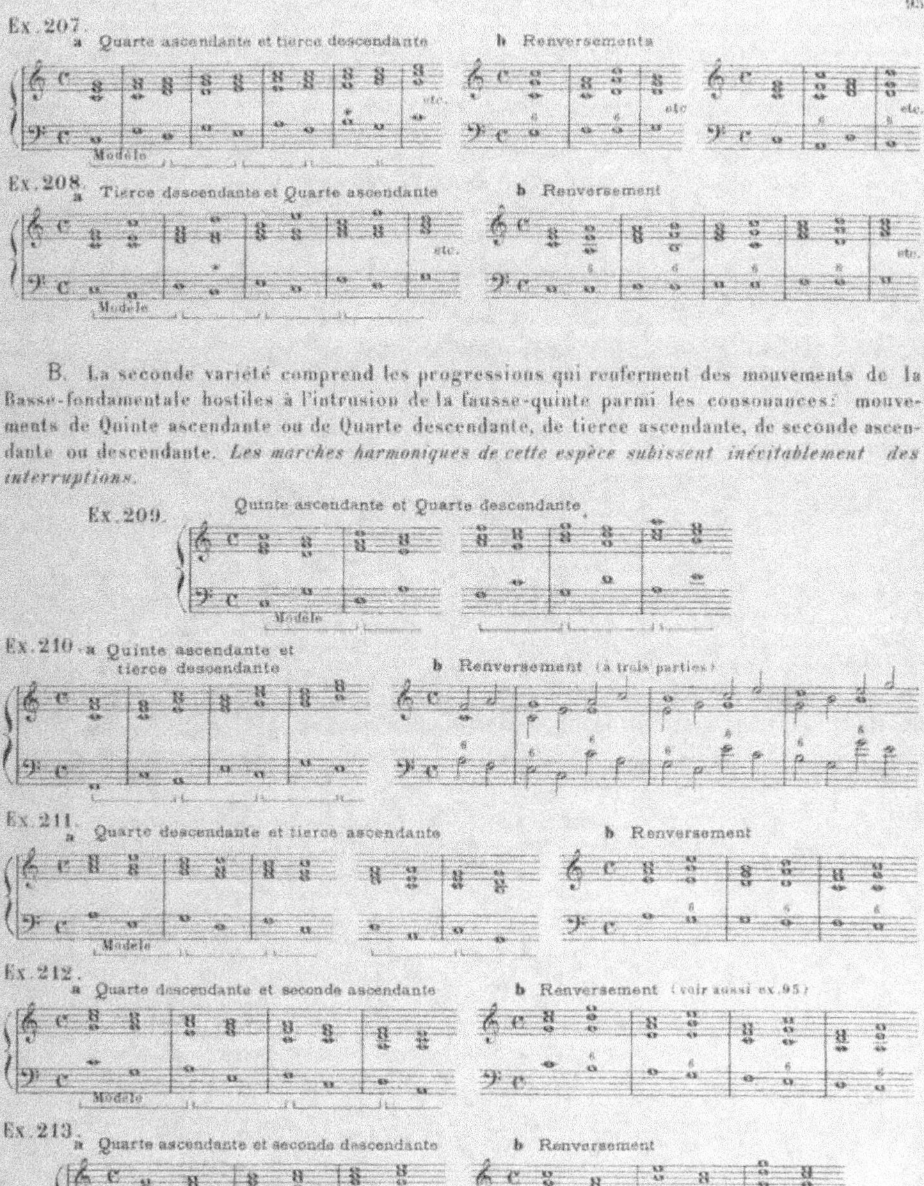

B.   La seconde variété comprend les progressions qui renferment des mouvements de la Basse-fondamentale hostiles à l'intrusion de la fausse-quinte parmi les consonances: mouvements de Quinte ascendante ou de Quarte descendante, de tierce ascendante, de seconde ascendante ou descendante. *Les marches harmoniques de cette espèce subissent inévitablement des interruptions.*

§ 103. — Terminons l'analyse des harmonies du Majeur diatonique par une observation qui nous reporte aux origines même de notre art polyphone (§ 41): *Les progressions aptes à se prolonger indéfiniment se produisent souvent accompagnées au grave d'une Pédale sur la Tonique ou la Dominante.* En ce cas *la partie située immédiatement au-dessus de la tenue immobile ne fait pas entendre les sons fondamentaux de la progression*: la plupart des accords se présentent à l'état renversé. Quand la Pédale prend fin, les deux parties inférieures se confondent.

Ex. 214.   Progression d'accords primaires sur une Pédale de tonique

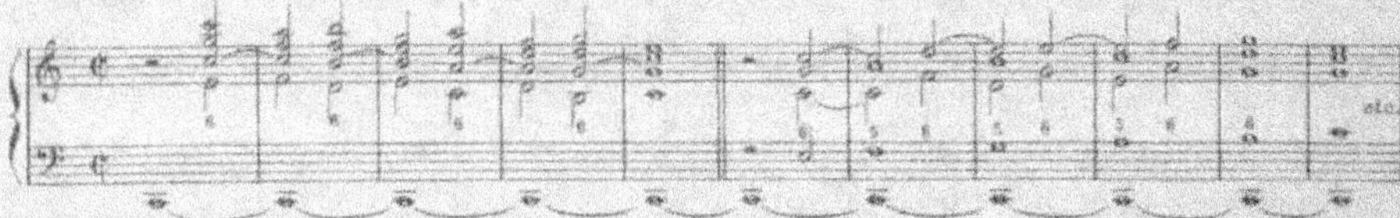

Ex. 215.   Pédale sur la Dominante: progression d'accords primaires

Ex. 216.   Septièmes et accords primaires

Ex. 217.   Neuvièmes sans fondamentale et accords primaires

La résonance profonde et persistante de l'une des deux cordes principales du mode, — le plus ancien et le plus compréhensif des procédés d'harmonisation, — a pour effet d'entretenir et d'aviver sans cesse chez l'auditeur le sentiment de l'unité tonale (§ 40). *C'est la Basse universelle*, dont la vertu cohésive se communique à des successions harmoniques qui seraient inacceptables sans ce puissant appui: à preuve les suites continues de Quartes-et-sixtes comme on en rencontre chez Bach, ainsi que d'autres sortes de figures mélodiques transformées en passages polyphones.

Ex. 218.   Moderato

19669. R.   B. Schott's Söhne, Éditeurs-propriétaires.

CINQUIÈME ÉTUDE

Le Mineur moderne et les variantes mixtes du Majeur

PREMIÈRE SECTION

Genèse, constitution harmonique et mélodique du Mineur moderne

§ 104. — Le système modal que nous abordons maintenant est en tout la contrepartie de celui qui a été exposé dans les pages précédentes.

En s'incorporant l'harmonie simultanée, le Majeur diatonique a conservé son identité, son intégrité. Sans autres éléments que les siens propres, il s'est créé un système d'accords rationnel, parfaitement équilibré. Le Mineur, au contraire, n'a pu s'adapter à la polyphonie européenne, sinon au prix de graves altérations qui l'ont converti en un système composite (§ 12, B). Il s'est mis dans la dépendance du Majeur en lui empruntant son harmonie active (§§ 43, 71, B). De plus il n'a pas de constitution fixe; une partie de son échelle est mobile et comporte trois formules mélodiques, dont aucune ne peut revendiquer la suprématie. Au fond le double système modal de la musique moderne reproduit l'opposition originelle de la tierce majeure et de la tierce mineure, les consonances géminées, mâle et femelle (§ 7, D).

§ 105. — On a vu que notre Majeur a pour origine première le mode homophone d'UT (§ 68); de même *le Mineur moderne procède historiquement du mode homophone de* LA (§ 23). Nous appelons *relatifs* les tons d'Ut majeur et de La mineur, parce que leur échelle est tirée de la même série diatonique (fa_ut_sol_ré_la_mi_si) et notre écriture musicale confirme le parallélisme, puisque le ton de *La mineur* se note avec l'armure d'*Ut majeur*, comme le ton d'*Ut mineur* s'écrit avec l'armure de *Mi♭ majeur*.

A. Dans la série diatonique la Tonique majeure occupe la 2ᵉ place (§ 68), la Tonique mineure la 5ᵉ. Conséquemment pour passer du Majeur au Mineur relatif, la Tonique doit avancer de 3 Quintes, et, avec elle, le degré qui la précède (Sous-dominante) ainsi que les deux degrés qui la suivent (Dominante et IIᵉ degré). Ces quatre degrés prennent donc en Mineur l'extrémité droite de la série. Quant aux trois places restées vides à gauche, elles sont reprises par les trois degrés expulsés à droite. Ceux-ci reculent ensemble de 4 Quintes. Auparavant ils se trouvaient à la droite de la Tonique, maintenant ils sont à sa gauche; ils étaient respectivement, par rapport à elle, *sixte majeure* (+3), *tierce majeure* (+4), *septième majeure* (+5); ils sont devenus *sixte mineure* (_4), *tierce mineure* (_3), *septième mineure* (_2). Nous indiquons les trois degrés fléchis par VI♭, III♭, VII♭, et nous procéderons de même, à l'avenir, pour tous les degrés abaissés par rapport aux échelons correspondants de la gamme majeure.

DEGRÉS EN MAJEUR:	IV	I	V	II	VI	III	VII
Série modèle du diatonique:	fa	ut	sol	ré	la	mi	si
Série diatonique notée par 3 bémols:	la♭	mi♭	si♭	fa	ut	sol	re
DEGRÉS EN MINEUR:	VI♭	III♭	VII♭	IV	I	V	II

Échelle du Mineur diatonique

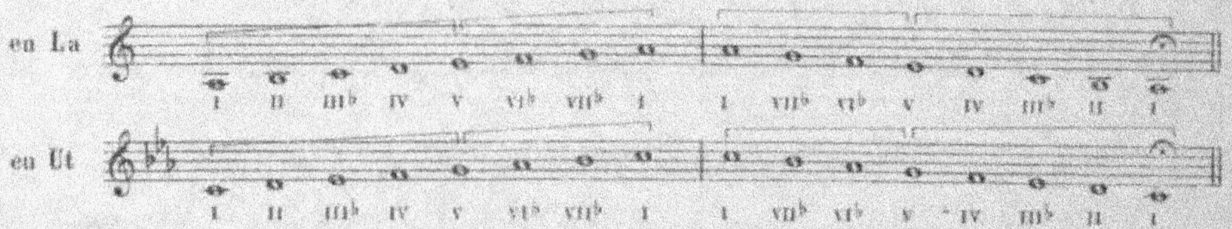

B. *Les trois échelons marqués du signe de l'abaissement* (III^b, VI^b, VII^b) *sont les tierces des bases générales du système tonal: la Tonique, la Sous-dominante, la Dominante.* En mineur diatonique les trois accords essentiels sont des triades mineures.

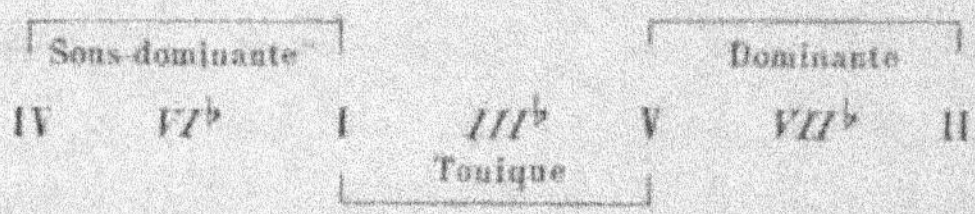

C. Les mélodies européennes de création moderne ne parcourent pas l'échelle entière du Mineur diatonique dans les deux directions. La succession ascendante du son fondamental à la Dominante et même au VI⁰ degré est, et a été toujours universellement pratiquée, mais il en est autrement pour la montée graduelle de la Dominante à la Tonique aiguë. Depuis trois siècles elle est devenue étrangère au sentiment des musiciens, et l'on en trouve à peine un spécimen dans la mélopée de nos compositeurs.

Ex. 219.

Toutefois le passage *directement* ascendant de la Dominante au VII⁰ degré, et du VII⁰ degré à la Tonique aiguë, a gardé du charme comme réminiscence de cantilènes liturgiques.

Ex. 220.   Ex. 220 ᵇⁱˢ

D. Pour ce qui est de *l'échelle descendante du Mineur diatonique, elle est restée d'usage courant parmi nous.* Son parcours entier s'utilise non-seulement comme dessin mélodique, mais aussi dans les suites d'accords de tierces simples ou de tierces et sixtes.

Ex. 221.

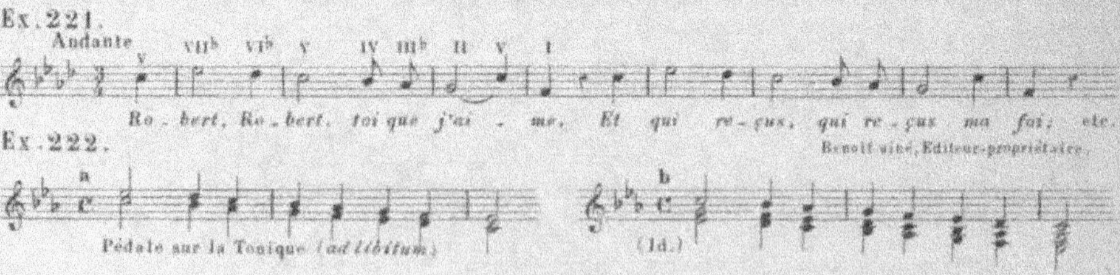

§ 106. — Une mélodie complète ou fragmentaire construite en Mineur diatonique ne s'harmonise pas communément à l'aide des seuls éléments polyphones contenus dans son échelle propre. La triade mineure de la Dominante, ne faisant pas entendre la note sensible, ne saurait fournir à l'accompagnement instrumental ni une cadence parfaite, ni une demi-cadence (§ 71,B). Pour satisfaire l'oreille moderne aux arrêts et fins de phrase, le compositeur se voit obligé *d'emprunter au système majeur de la Tonique son accord de Dominante (consonant ou dissonant), et de mêler ainsi le Mineur et le Majeur de même base.*

Ex. 223.

A. Ordinairement la note sensible apparaît aussi bien dans la cantilène que dans l'harmonisation. Les deux éléments de l'ensemble musical révèlent à chaque moment le caractère hybride du Mineur moderne par des intervalles chromatiques se produisant, soit en succession mélodique, soit en accord.

Ex. 225.

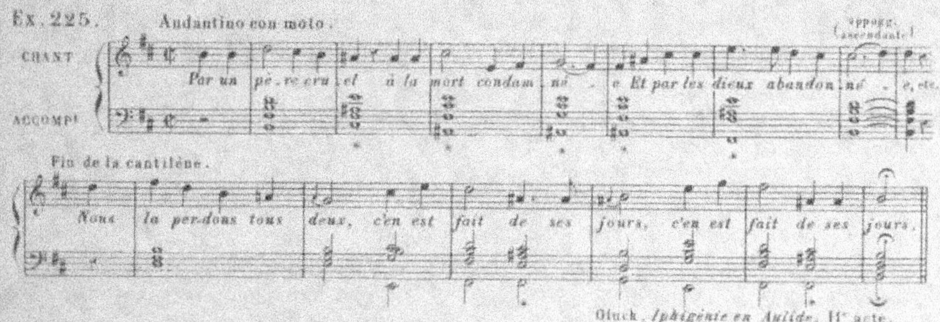

Dans nos pays occidentaux les plus anciens témoins *authentiques* de cette transformation du Mineur sont les compositions profanes des musiciens espagnols du XV.e et du XVI.e siècle: chansons à plusieurs voix, *romances* et *villancicos* accompagnés au luth.

Ex. 226. Complainte en trio sur la chute du dernier royaume maure en Espagne (1492).

Ex. 227. Romance viejo

En Orient le Mineur est devenu chromatique *sans aucune intervention connue de l'harmonie simultanée* (voir ci-après § 109, D). L'évolution doit dater de très loin, puisqu'on en constate déjà des traces dans un chant grec du II° siècle avant J.C., le premier des hymnes notés découverts à Delphes il y a dix ans (*Mél. ant.*, pp. 388-388, 470; *Probl. mus. d'Aristote*, p. 390). C'est là un des nombreux problèmes de l'histoire musicale qui semblent devoir rester encore longtemps insolubles.

§ 107.— Examinons de plus près la constitution harmonique de notre Mineur actuel. *Le domaine intégral de ce système hybride est formé par la réunion, sous la souveraineté d'une seule fondamentale, de la série heptaphone du Mineur diatonique et de celle du Majeur de même base. Il s'étend conséquemment sur un espace de neuf Quintes*, limité par l'intervalle de seconde augmentée ou de septième diminuée: VI$^\flat$–VII, VII–VI$^\flat$ (§ 12, B).

$$\text{Série du Majeur :} \quad \boxed{\text{IV} \quad \text{I} \quad \text{V} \quad \text{II}} \quad \text{VI} \quad \text{III} \quad \text{VII}$$
$$\text{Série du Mineur diatonique :} \quad \text{VI}^\flat \quad \text{III}^\flat \quad \text{VII}^\flat \quad \boxed{\text{IV} \quad \text{I} \quad \text{V} \quad \text{II}}$$

Les quatre degrés communs aux deux séries forment la charpente fixe du système tonal universel de la musique européenne (§ 43); ils fournissent les trois Quintes fondamentales des harmonies de la Sous-dominante (IV–I) de la Tonique (I–V) et de la Dominante (V–II).

A. Dans la série supérieure, les trois degrés étrangers au Mineur diatonique (VI, III, VII) sont les tierces des trois accords essentiels du Majeur (§ 74). Le Mineur moderne se contente tout d'abord de prendre le dernier son d'entre eux, la note sensible (VII), indispensable pour effectuer ses deux cadences principales, et laisse provisoirement de côté III et VI. Dans les trois degrés propres au Mineur diatonique il prend la tierce de l'accord de Tonique, son distinctif du Mineur (III♭), et la tierce de l'accord de Sous-dominante (VI♭), écartant momentanément VII♭, tierce mineure de la Dominante.

Triades essentielles du Mineur moderne

	Sous-dominante					Dominante	
IV	VI♭	I	III♭	V	VII	II

TONIQUE

B. De ces trois accords essentiels, le Mineur moderne en partage deux avec le Mineur diatonique: ceux de la Sous-dominante et de la Tonique. Un seul, celui de la Dominante, lui appartient en propre, et c'est, nous le savons, l'agent vital, la cheville ouvrière du mécanisme tonal (§ 71, B). En effet, avec sa triade consonante il amène deux accords dissonants très actifs. Le premier, la *Septième de dominante*, a les mêmes sons qu'en Majeur. Le second dérivé, la *Neuvième mineure de dominante*, montre un nouveau composé d'intervalles; c'est la première agrégation chromatique que nous rencontrons sur notre chemin. *On classe parmi les dissonances chromatiques tout intervalle embrassant dans ses deux sons plus de six Quintes* (§ 11, F, G, H, etc.), *ainsi que toute agrégation contenant un tel intervalle.* L'accord de neuvième mineure de dominante renferme la dissonance chromatique de septième diminuée, VII—VI♭, formée par la résonance simultanée des deux sons extrêmes de la double série heptaphone (étendue totale: 9 Quintes); il constitue en conséquence la synthèse polyphone du Mineur normal des modernes.

		Neuvième
	Septième	VI♭
Accord parfait	IV	IV
II	II	II
VII	VII	VII
V	V	V

C. L'intervention continuelle de l'harmonie active du Majeur dans le Mineur de même base a eu pour effet de nouer des relations si étroites entre les deux modalités d'un même système, que la substitution soudaine de la tierce mineure à la majeure dans l'accord de Tonique suffit pour convertir une mélodie gracieuse et limpide en un hymne de deuil. Témoin ce début choral, où le Mineur se dénonce manifestement comme une décoloration du Majeur.

Ex. 228.

§ 108. — Si le Mineur diatonique, dans l'harmonisation des arrêts et repos mélodiques, est obligé d'emprunter à notre *Mineur chromatisé* son harmonie majeure de dominante, par compensation *celui-ci ne peut sortir du cercle étroit de ses cadences principales et parcourir son domaine intégral sous forme de progressions ou autrement, sans s'approprier les éléments polyphones du Mineur diatonique*. En effet le Mineur moderne ne possède, hors de ses trois harmonies essentielles, qu'une seule triade consonante, isolée, celle du VI° degré. *Le mineur diatonique au contraire*, comme le Majeur, *dispose d'une chaîne ininterrompue de triades consonantes, au nombre de six, posées sur tous les degrés de la gamme, un seul excepté. Les trois accords parfaits occupant la gauche de son domaine polyphone, ainsi que sa triade mineure de dominante, servent d'harmonies complémentaires au Mineur moderne.*

Triades consonantes	VI° degré		III° degré		VII° degré		Sous-dominante		TONIQUE		Dominante	
du Mineur diatonique :	VI♭	I	III♭	V	VII♭	II	IV	VI♭	I	III♭	V	VII♭	II

Triades consonantes										Dominante		
du Mineur moderne :	VI♭	I	III♭				IV	VI♭	I	III♭	V	VII	II

A. Le septième accord primaire contenu dans la série heptaphone, *l'accord neutre de fausse-quinte* (§ 50), se trouve en Mineur (diatonique et normal) sur le II° degré. Il s'emploie à l'instar d'une triade consonante dans les progressions (§ 61, ex. 90). De plus le Mineur moderne s'en sert dans ses formules de cadence, où il lui donne le rôle rempli en Majeur par la triade mineure du II° degré (§ 73). Tout comme celle-ci, *la triade de fausse-quinte fait en Mineur souche d'agrégations dissonantes.*

		Septième	Neuvième	Onzième
				V
			III♭	III♭
Accord neutre du II° degré		I	I	I
	VI♭	VI♭	VI♭	VI♭
	IV	IV	IV	IV
	II	II	II	II

§ 109. — Envisagé dans sa succession mélodique, le Mineur moderne présente quelques particularités qui exercent une influence sensible sur la pratique polyphone. Son échelle de sept sons, formule analytique de ses trois accords essentiels, contient trois intervalles de ton, trois demi-tons et une seconde augmentée.

Echelle normale du Mineur moderne

A. Le dernier trajet de l'ascension, entre la dominante et la tonique aiguë, a jusqu'à présent empêché cette gamme d'entrer dans l'usage commun. On y rencontre l'intervalle chromatique de *seconde augmentée*, dissonant dans la production simultanée, malaisé comme intonation vocale. De VI♭ à VII et vice versa la voix ne monte et ne descend pas en pente douce; il y a là une brisure de la ligne mélodique, un obstacle à franchir, un seuil. *Le sentiment musical des Occidentaux n'accepte comme sons contigus, en succession mélodique, que ceux qui se trouvent à distance de ton ou de demi-ton.* Dans notre musique, même la plus récente, *la note sensible n'est jamais en Mineur l'appoggiature, l'accent intensif du VIe degré.* Cette fonction appartient exclusivement au VIIe degré du Mineur diatonique, *même quand l'accompagnement instrumental fait entendre la tierce majeure de l'harmonie de dominante.*

Ex. 229.

On ne peut donc considérer la seconde augmentée, prise en montant ou en descendant, comme un intervalle ordinaire. C'est une intonation passionnée, naguère réservée au dramatique poignant.

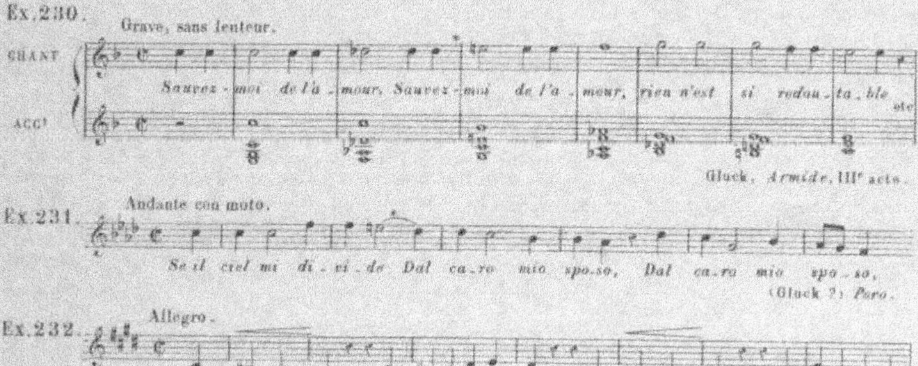

Ex. 230.

B. L'échelle de notre Mineur normal renferme un autre intervalle chromatique, la *quinte augmentée*, produite par la succession immédiate du IIIe degré et de la note sensible, ou vice versa (III♭-VII, VII-III♭). Ascendante ou descendante, l'intonation de l'intervalle implique, dans le sentiment du chanteur, le passage difficile de la seconde augmentée entre VI♭ et VII. C'est là apparemment pourquoi des dessins mélodiques tels que les suivants sont totalement étrangers à la musique vocale, et même peu connus dans l'instrumentale.

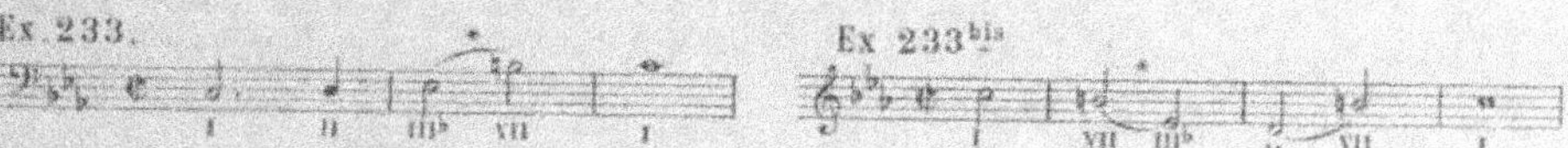

Ex. 233.

C. Autant les deux *intervalles augmentés* propres au Mineur normal offrent de la résistance à l'organe vocal, autant le renversement de chacun d'eux (septième et quarte diminuées) *s'entonne avec facilité.*

Ex. 234.   Septième diminuée ascendante et descendante.

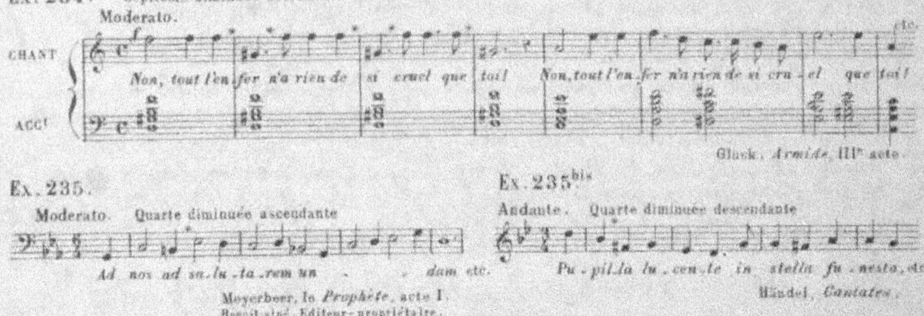

Ex. 235.   Ex. 235.bis

Pour chanter ces intervalles diminués, la voix n'a pas à franchir le pas difficile (VI°–VII°), soit à la montée soit à la descente; les deux se décomposent mélodiquement en tons et demi-tons diatoniques. *Aussi la vraie formule vocale de notre gamme mineure est celle-ci:*

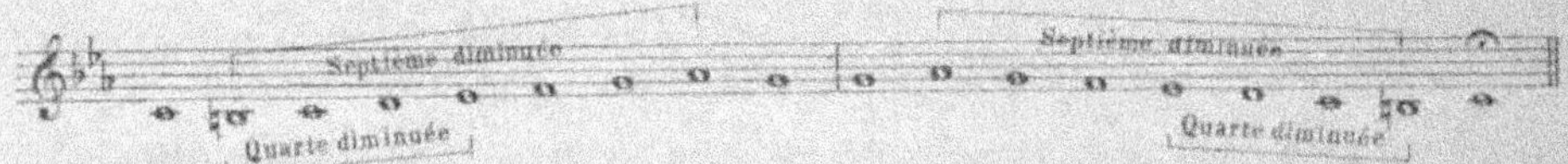

D. Il est toutefois à remarquer que l'intonation de seconde augmentée, jadis si peu sympathique aux organes occidentaux, est en train de devenir de plus en plus familière à nos musiciens par l'influence de quelques mélodies typiques originaires des pays d'Orient. Terminées sur la Dominante du Mineur chromatisé, ces cantilènes exhibent l'intervalle caractéristique, invariablement, entre le VI° degré et la note sensible, et parfois aussi, accidentellement, entre le III° degré et le IV° haussé d'un demi-ton.

Ex. 235.ter   Chanson mauresque de Tunis.

E. Depuis assez longtemps on a pu faire entendre en suite continue de tierces, surtout ascendantes, l'échelle de notre Mineur normal. Il y a là une certaine teinte d'exotisme, pleine de charme pour l'oreille européenne.

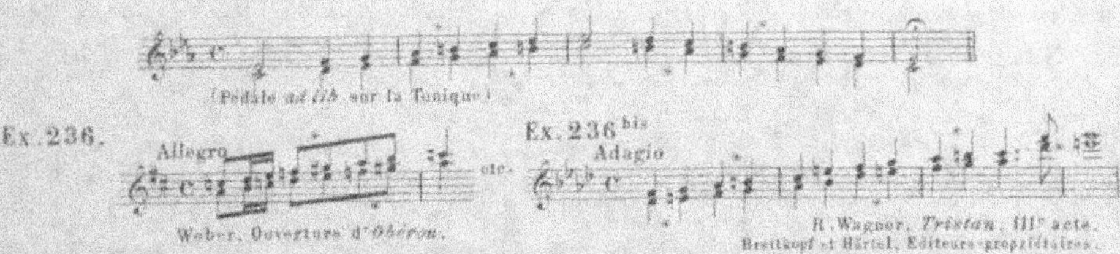

Il ne semble pas que l'on ait déjà essayé de produire cette sorte d'échelles en accords de tierce et sixte. On n'en serait pas empêché apparemment par la quarte augmentée, qui, une fois dans chaque octave, se présente entre les deux parties supérieures. Plutôt bizarre qu'acerbe, la dissonance en question n'est pas pour effrayer nos contemporains.

§ 110. — *Il existe une variante de notre Mineur moderne, un type secondaire de son échelle, dans lequel la solution de continuité entre le VI° degré et la note sensible a disparu.* On obtient les intonations de cette gamme en prenant dans la série du Majeur, outre la note sensible, son voisin mélodique, le VI° degré, tierce de la Sous-dominante, ce qui annule momentanément, avec le VII° degré, le premier son de la série heptaphone du Mineur, et réduit l'élément modal au son strictement indispensable : la tierce mineure de la Tonique.

Série du Majeur: IV I V II VI (III) VII
Série du Mineur diatonique: (VI♭) III♭ (VII♭) IV I V II

Échelle mineure moderne, type secondaire.

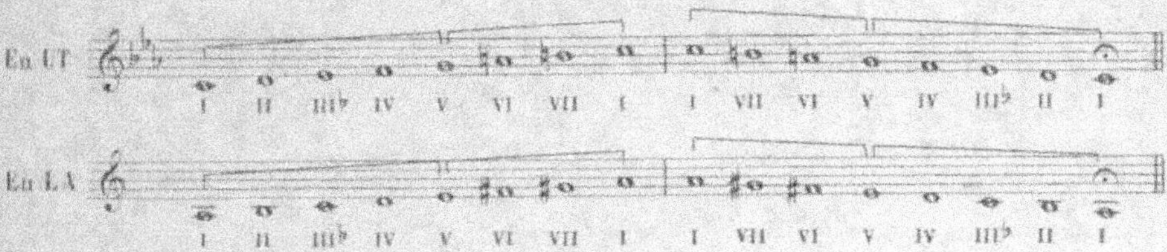

A. L'intervalle chromatique de quinte augmentée entre III♭ et VII se trouve décomposé en quatre intervalles consécutifs de ton. À la montée néanmoins la succession s'entonne sans difficulté; aussi *la formule ascendante de ce type mineur est généralement répandue dans l'usage ordinaire.* À la descente il en est autrement: le trajet de la note sensible au III° degré mineur est répulsif à l'organe vocal, et *la gamme allant de la Tonique aiguë à la Tonique grave est exclue de la mélopée actuelle.* Parfois elle se rencontre, en guise de trait rapide, dans la musique de J.S.Bach et de Händel (ex.246).

B. *Pour être réellement chantante dans les deux directions, notre échelle mineure du type secondaire doit être limitée par deux Dominantes.* La quinte augmentée (III♭-VII) se trouve alors être devenue une quarte diminuée, intervalle d'intonation facile (§ 109,C), et l'intervalle consonant de Quarte compris entre la Dominante et la Tonique se chante par degrés diatoniques en descendant aussi bien qu'en montant.

C'est là le parcours habituel des mélodies appartenant au type secondaire du Mineur moderne.

Ex. 237.

Ex. 238.

C. Les précédentes observations relatives à la mélopée de ce type mineur s'appliquent non-seulement aux dessins formés d'un linéament unique, mais encore aux successions mélodiques harmonisées en tierces continues ou en accords de tierce et sixte.

Ex. 239.

Ex. 240.

D. Pauvre en intervalles chromatiques, *le type secondaire du Mineur possède* néanmoins *dans son intonation distinctive* (VI) *un accent caractéristique*, très senti quand il est amené par un son venant de l'aigu.

Ex. 241.

E. L'élévation du VI° degré de l'échelle mineure a en pour effet *d'introduire dans la polyphonie constitutive du mode une seconde triade majeure, celle de la Sous-dominante* ; en sorte que parmi les accords essentiels, un seul, celui de la Tonique, est resté mineur.

Sous-dominante				Dominante		
IV	VI	I	III♭	V	VII	II
		TONIQUE				

F. Avec l'accord parfait majeur de la Sous-dominante, son alliée, *la triade mineure du II° degré (§ 71. C) et ses dérivés dissonants apportent aux cadences finales du Mineur moderne leur sonorité plus relevée* (v. § 73).

		Septième	Neuvième	Onzième V
			III♭	III♭
Accord parfait		I	I	I
VI		VI	VI	VI
IV		IV	IV	IV
II		II	II	II

G. Le type secondaire du Mineur moderne n'est pas une création récente ; il provient historiquement du mode médiéval de RÉ (§ 22), lui aussi une forme accessoire du mode de LA, principal type mineur de l'homophonie liturgique. L'adaptation de l'échelle de RÉ à notre art polyphone est contemporaine de celle du mode primitif ; elle est attestée dès la première moitié du XVI° siècle par les *Livres de Luth.*

Ex. 242.

Ex. 243.

§ 111. — Modification passagère de notre Mineur normal, le type secondaire se mélange constamment avec lui. Tous deux, d'autre part, sont en contact permanent avec le Mineur diatonique ; *l'amalgame des divers types est donc inévitable et continuel, tant dans la succession mélodique que dans l'harmonie simultanée.* Déjà nous en avons un exemple dans la *formule vulgaire de la gamme mineure :* on chante le type secondaire à la montée, le diatonique à la descente.

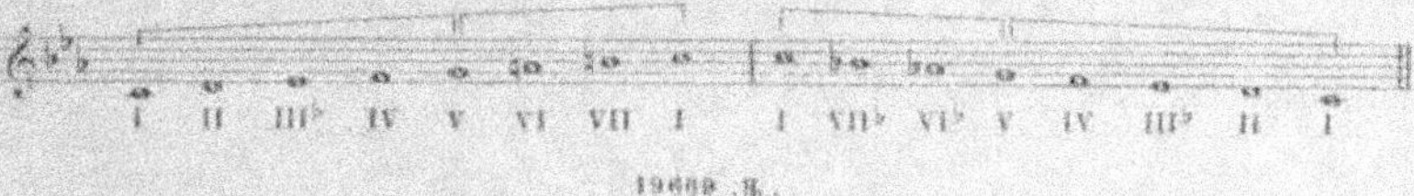

Ex. 244.

A. Il n'est pas rare de voir un dessin mélodique étroitement cohérent passer par les trois types mineurs dans l'espace de quelques mesures.

Ex. 245.

B. Le mélange des trois types mineurs, normal, secondaire, diatonique, se reproduit nécessairement dans les successions d'accords, à commencer par les plus simples d'entre elles : tierces ou tierces et sixtes en série continue.

Ex. 247.

C. En formant une série, graduellement ascendante ou descendante, de tous les sons contenus dans les trois types, *on obtient l'échelle mélodique intégrale du mineur moderne;* le trajet entre la Dominante et la Tonique aiguë est complètement chromatique, les deux degrés intermédiaires se trouvant dédoublés. La partie inférieure de la gamme, comprise entre la Tonique grave et la Dominante, reste immuablement diatonique. Le parcours total de l'Octave comporte neuf sons.

Echelle du Mineur intégral

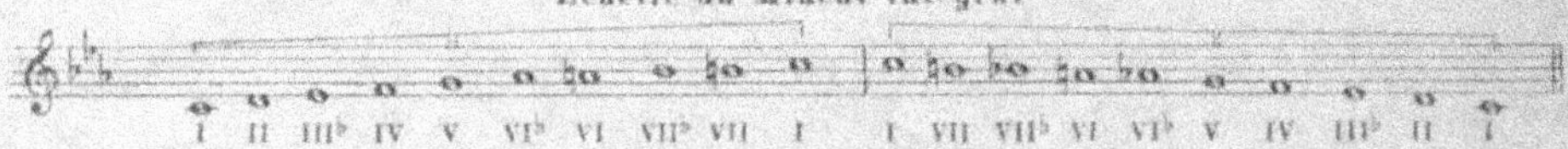

La partie chromatique de cette échelle mineure est un élément efficace de la mélopée moderne, vocale et instrumentale. Elle apparaît tantôt dans le dessin principal, situé à l'aigu ou au grave, tantôt dans les parties harmoniques de l'ensemble polyphone.

Les tendances naturelles du Mineur moderne vers le chromatique se sont manifestées dans la monodie expressive dès les premiers débuts du drame musical. C'est par la mélopée mineure que le chromatique a pénétré dans la pratique vocale et instrumentale; jusqu'à une époque assez récente il n'était guère employé qu'en Mineur.

§ 112. — Les multiples éléments sonores réunis dans le Mineur moderne ont suscité en lui une variété d'accords telle que, sans sortir des limites du système, l'harmoniste peut former, non-seulement un assez grand nombre de successions et de progressions chromatiques, mais, — ce qui n'est pas possible au Majeur diatonique, — de vraies modulations introtonales.

En ce qui concerne la succession des accords, la mise en œuvre de ce nouveau matériel polyphone n'est pas régie par des principes spéciaux. Si le caractère sonore, l'effet expressif d'une agrégation, change avec ses inflexions intérieures, sa base harmonique reste invariable, et ne se meut qu'en vertu de lois purement musicales, — on pourrait dire métaphysiques. — Aussi *l'enchaînement d'un accord modifié par flexion, tension ou altération, se modèle-t-il généralement sur celui de son prototype diatonique.*

DEUXIÈME SECTION.

Les accords essentiels du Mineur moderne

§ 113. — Chacune des trois triades fondamentales représente un des éléments dont s'est formé le système composite de notre Mineur européen. L'élément primitif, permanent, subsiste dans l'accord parfait de la Tonique (§ 43); l'élément actif, principe de notre polyphonie, se révèle dans l'harmonie majeure de la Dominante (§ 71, B); un élément variable, enfin, réside dans les harmonies de la Sous-dominante et de son allié, le II° degré, lesquelles a côté de leur racine normale, la tierce mineure IV—VI$^\flat$, admettent exceptionnellement la tierce majeure IV—VI (§ 110).

A. Par la mise en œuvre de ce matériel polyphone, nous saisissons clairement l'étroite cohésion des deux systèmes modaux compris dans notre système harmonique universel (§ 43), et nous constatons la primauté théorique et pratique du Majeur. En effet, la succession des accords dans les formules de cadence, les mouvements généraux des parties individuelles de l'ensemble vocal ou instrumental, la résolution des notes dissonantes, bref *tout le fonctionnement ordinaire du mécanisme tonal n'est en Mineur normal*, ainsi que le montrent les spécimens suivants, *qu'une simple reproduction de ce qui se passe en Majeur*. Seul l'accent mélodieux, le sentiment exprimé, s'est converti en son contraire (§ 107, C).

Pour multiplier à volonté les exemples, on n'a qu'à transcrire en Mineur la plupart de ceux qui ont été donnés dans la 2ᵉ Section de l'Étude précédente (p. 64 et suiv.). À cet effet il suffit, si l'on garde l'armure du Majeur, d'abaisser d'un demi-ton les IIIᵉ et VIᵉ degrés; si l'on prend l'armure traditionnelle du Mineur, il faudra au contraire élever d'un demi-ton la note sensible.

Les indications accessoires de la Basse chiffrée se rapportent uniquement à l'armure employée. Tout accident dans les parties supérieures est marqué devant le chiffre. Un accident sans chiffre indique la tierce de la note de Basse.

B. Malgré les concordances signalées ci-dessus, la polyphonie du Mineur présente des particularités notables qui modifient en certains points l'usage des accords essentiels. Quelques-unes d'entre elles ont pour cause les intervalles chromatiques contenus dans l'échelle mineure (§ 109); celles-ci n'influent que sur la conduite mélodique des parties individuelles du chœur vocal ou instrumental. D'autres, plus nombreuses, sont amenées par les flexions, tensions ou altérations des tierces constituant l'accord: modifications de la sonorité qui ont pour résultat d'étendre ou de restreindre l'usage pratique de l'agrégation dont il s'agit.

§ 114. — Relativement aux quatre *intonations chromatiques de notre Mineur normal*, voici les faits principaux qu'il importe d'avoir présents à l'esprit dans l'agencement d'un morceau polyphone.

A. La *seconde augmentée* (§ 109, A) ascendante ou descendante (VI♭ — VII, VII — VI♭), *ne fonctionne pas comme intervalle conjoint dans les successions qui font entendre l'harmonie de dominante, précédée ou suivie, soit de l'accord de sous-dominante, soit d'un accord du IIᵉ ou du VIᵉ degré.* En effet les deux sons de l'intervalle, ne se liant pas mélodiquement, sont tenus de suivre une direction divergente en passant au degré voisin; *le VIᵉ degré mineur descend, la note sensible monte.* Tandis qu'en Majeur on peut choisir entre

Ex. 256.

en Mineur on n'a que

L'intonation de seconde augmentée ne se justifie que dans une des deux parties saillantes du quatuor vocal (Soprano ou Basse), et seulement lorsqu'il y a une intention pathétique marquée par un accord dissonant.

Ex. 257.   Andante   Ex. 257ᵇⁱˢ

B. Quant à la *septième diminuée*, renversement du précédent intervalle, elle fait partie des intonations expressives de la mélodie (ex. 234), et sa réalisation n'offre pas de difficulté à l'organe vocal; mais, à cause de sa large envergure, elle n'est guère à sa place dans le chant polyphone. Tout au plus la rencontre-t-on parfois dans une Basse instrumentale d'allure chantante.

C. La *quinte augmentée* (§ 109, B) n'entre pas dans le dessin d'une cantilène homophone, à plus forte raison dans une des lignes mélodiques d'un ensemble à plusieurs voix. Par exception cependant, l'intervalle ascendant se voit à la Basse, mais coupé par une interruption.

D. En revanche la *quarte diminuée* (§ 109, C) s'emploie couramment dans la contexture mélodique de chacune des parties d'un chœur vocal ou instrumental.

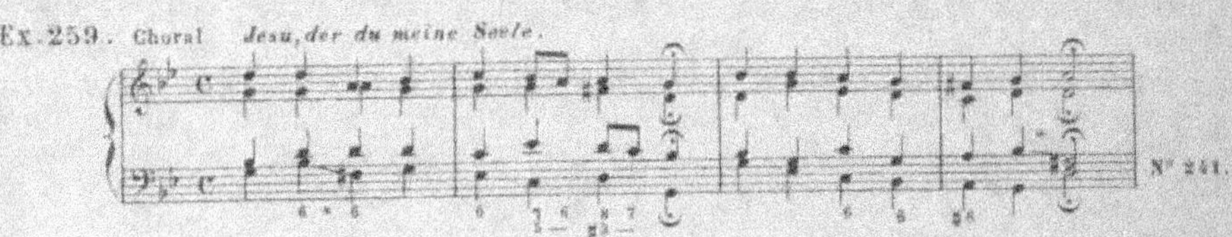

§ 115. — Abordons les *particularités de la polyphonie mineure issues de la modification intérieure des accords*: elles sont de beaucoup les plus nombreuses et les plus importantes. Nous en trouvons déjà une, très frappante, dans la cadence parfaite.

A. À la conclusion définitive d'un morceau composé en *Mineur*, l'audition de la triade de Tonique ne procure pas une sensation de complet repos; l'unisson sur la tonique atteint mieux ce but (v. ex. 255, 226). La cause en est dans la tierce mineure, consonance imparfaitement déterminée (§ 7, D).

Les contrepointistes médiévaux et les luthistes du XVIe siècle omettaient la tierce dans l'accord final ou *finissaient par la triade majeure*. Ce dernier procédé s'est transmis à la nouvelle polyphonie des Européens et a subsisté dans la musique d'Église jusqu'à une époque récente. Qui n'a subi l'effet irrésistible de la tierce majeure éclatant tout à coup au dernier accord d'une des plus sombres compositions d'un J. S. Bach ou d'un Händel? Dans l'harmonisation des cantilènes liturgiques appartenant à un mode mineur, la terminaison en Majeur est d'usage à peu près général.

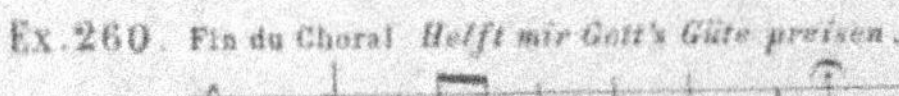

Ex.260ter   Variante de la cadence plagale (v. ex. 151)

B. L'insuffisance de la tierce mineure à la conclusion définitive de la cantilène ne s'accuse pas moins dans l'art moderne, bien qu'il soit devenu foncièrement profane. Le fait suivant le rend manifeste. Outre la terminaison mélodique sur la fondamentale du ton, le Mineur comme le majeur en a une sur la Dominante;

Ex.261.

mais *le Mineur moderne n'a pas de terminaison mélodique sur le IIIe degré de son échelle.* Quand dans un chant mineur le compositeur veut la terminaison suspensive sur la tierce, il prend le IIIe degré du Majeur de même base.

Ex.262.

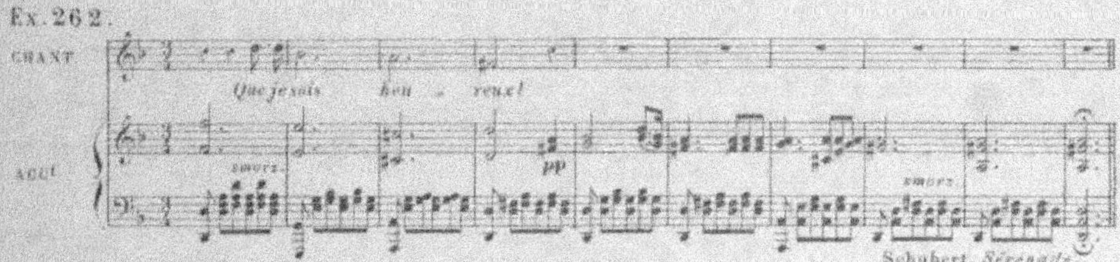

On se rappelle que les mélographes gréco-romains employaient aussi, en guise de son final, la tierce du son fondamental, quand elle était majeure, mais jamais lorsqu'elle était mineure (Ex. 53, 54).

C. L'intervention du Majeur à la fin d'un morceau commençant en Mineur ne se borne pas toujours à l'accord terminatif; le plus souvent elle s'étend à une période complète, sorte d'épilogue musical.

Ex.263.   Andante

114

Meyerbeer, *Robert le Diable*, IV° acte,
Benoît aîné, Éditeur-propriétaire.

On trouve des exemples de cet usage dès les premiers temps où le principe de l'unité tonale s'imposa aux monodistes florentins (§ 42, B).

Ex. 264. Madrigal à une voix   fin du morceau

Caccini, *Nuove Musiche* (1600).

§ 116. — En Mineur *la demi-cadence, la terminaison incomplète sur la triade majeure de la Dominante, fait parfois office de conclusion finale*. Mais un tel procédé technique ne se constate que dans l'harmonisation des mélodies liturgiques appartenant au mode homophone de MI (§ 24).

Ex. 265. Choral *Patris sapientia*, Chant des Frères moraves.

Notre polyphonie mondaine ignore ce genre de cadences finales, à moins qu'il ne s'agisse d'adapter un accompagnement instrumental à des cantilènes orientales du mode chromatisé de MI (§ 109, D, ex. 235 bis), type de mélodies encore vivant aujourd'hui dans les danses et chants des provinces méridionales de l'Espagne.

Ou rencontrera plus loin (§ 121, ex. 283) la formule harmonique si originale dont les guitaristes andalous ont accompagné jusqu'à nos jours cette terminaison sur la dominante du Mineur chromatisé. (Je puis affirmer *de auditu* que telle était encore la pratique courante en 1850.)

§ 116*bis*. — En Mineur les arrêts intermédiaires sur la Sous-dominante précédée de la triade tonale, ou sur la Tonique même précédée de l'accord parfait de sous-dominante, ne produisent pas de vraies cadences tonales, comme ils le font en Majeur (§§ 77, 78). La succession de deux triades mineures ne détermine pas une césure suffisamment marquée dans la phrase musicale. On sait d'ailleurs qu'à la fin du morceau la cadence plagale veut l'accord majeur de Tonique (§ 115, A).

§ 117. — L'accord de *septième de dominante*, transporté tel quel du Majeur dans le Mineur polyphone (§ 106), n'y subit aucun changement, quant à sa mise en œuvre (ex. 252, 253). Mais il n'y garde pas un rôle aussi prépondérant, ayant perdu le privilège d'embrasser dans ses quatre sous le système modal en entier. Cette propriété passe en Mineur à l'harmonie essentielle qui comprend la dissonance chromatique de Septième diminuée, à la Neuvième de dominante (§ 107, B).

§ 118. — De même qu'en Majeur, les *harmonies du IIe degré* font en Mineur office d'essentielles (§§ 86, 87), bien que, dans la constitution normale du système, elles ne soient pas bâties sur une Quinte consonante. La *triade de fausse-quinte*, souche de toute la famille, ainsi que son premier dérivé, la *septième de troisième espèce* (§ 108, A), se produisent à la manière de leurs prototypes dans les cadences usuelles du Mineur.

EX. 267. Triade du IIe degré en Mineur normal.

EX. 268. Choral *Wer nur den lieben Gott*.

EX. 269. Septième du IIe degré en Mineur normal.

116

De plus le remplacement de la Quinte consonante (II-VI) par la fausse-quinte (II-VI♭), outre qu'il donne aux deux accords une sonorité plus franche et des attributions tonales mieux définies (§15, B), a le double résultat d'*étendre* et de *faciliter* leur usage pratique. En effet :

1° Leur deuxième renversement, peu sympathique en Majeur, alors qu'il fait entendre la Quarte consonante au-dessus de la Basse (§§ 7, C, 67), se fait très bien accepter par l'oreille quand la consonance négative est devenue la demi-dissonance de triton.

Ex. 270.

2° La préparation de la note dissonante dans les diverses dispositions de l'accord de septième, est, de nos jours, considérée comme superflue.

Ex. 271.

Ex. 272.

§ 119. — En prenant la flexion mineure, *la Neuvième de dominante* (§ 107, B) est de toutes les agrégations du Mineur normal celle qui subit la transformation la plus féconde au double point de vue technique et esthétique.

L'*accord de neuvième mineure de dominante* est formé par la conjonction de deux accords de septième. Le plus grave des deux (A) reste, comme en Majeur, une septième diatonique de première espèce. Quant au plus aigu (B), il devient en Mineur un accord de septième diminuée, *une dissonance chromatique* (§ 107, B).

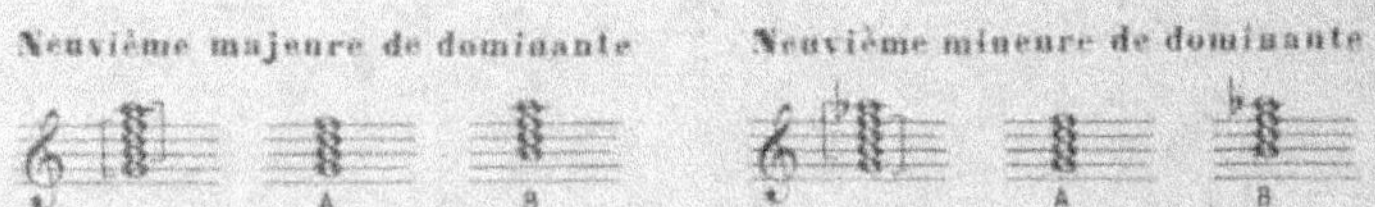

A . La transformation de la septième diatonique (VII-VI) en une septième chromatique (VII-VI♭) a pour résultat effectif *de supprimer radicalement l'obligation de mettre la neuvième à l'aigu* (§ 89) : résultat dû à la nature différente des deux genres de dissonances.

Les dissonances diatoniques (secondes, septièmes et neuvièmes, majeures et mineures) sont engendrées par la collision de deux sons contigus de l'échelle diatonique (§ 15, A), collision dont notre sensation reçoit le contre-coup et *qui se produit indépendamment de tout contexte musical*. Ce sont des *dissonances* purement *physiques*. En éloignant les deux sons adverses, on amortit le choc : une seconde est plus dure qu'une neuvième. C'est grâce à l'éloignement que l'on a pu rendre supportable la percussion simultanée des sept sons de l'échelle diatonique (§§ 46, A , 47) La neuvième majeure de dominante se trouvant en dissonance avec deux degrés de l'échelle diatonique (Dominante et Sensible) ne peut se rapprocher d'aucun d'eux. La règle veut qu'elle se trouve à une neuvième (au moins) de sa fondamentale, à une septième de la sensible.

Autre est la nature des dissonances chromatiques (§ 107, B) ; autres sont leurs conditions d'emploi. *Les dissonances chromatiques ne sont reconnues comme telles que par les sons entendus auparavant ou en même temps qu'elles ; elles n'ont qu'une existence simplement musicale*. Attaquées inopinément sur nos instruments tempérés, elles résonnent à nos oreilles comme des intervalles diatoniques ; une septième diminuée (*si-la♭*) nous paraît une sixte majeure (*si-sol♯*) ; une seconde augmentée nous paraît une tierce mineure. Leur qualité de dissonances chromatiques nous est uniquement révélée par leur mélange avec des sons qui ne peuvent appartenir à la même série heptaphone, et non par le choc de deux degrés contigus de l'échelle. Dès lors la distance, comme la situation relative des deux sons de la dissonance, devient indifférente.

B . Dans l'accord dont il s'agit ici, *le VI° degré du Mineur normal* (VI♭) *est doublement dissonant, et de deux manières différentes* : neuvième mineure (dissonance diatonique) de la Dominante, il est septième diminuée (dissonance chromatique) de la Sensible. *Il doit donc se trouver à plus d'une octave au-dessus de sa fondamentale ; mais il peut rester au-dessus ou passer au-dessous de la note sensible*.

Ex. 273.

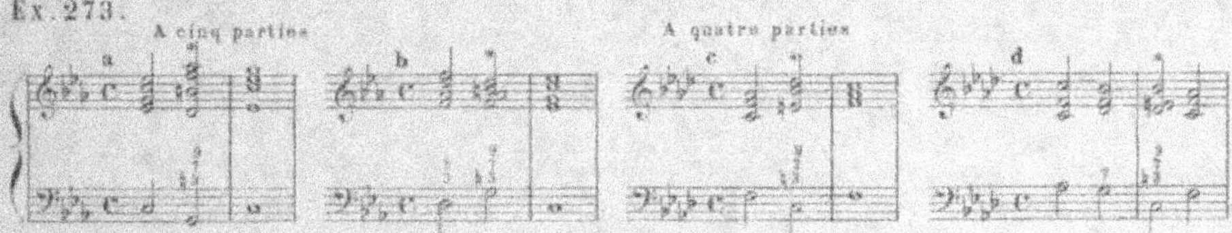

C . Le principal résultat esthétique obtenu par la création de l'accord de la neuvième mineure de dominante a été de fournir à la mélopée pathétique des modernes sa conjonction polyphone la plus énergiquement expressive. En introduisant dans la vivante harmonie majeure de dominante l'élément mineur, alangui, le génie musical est parvenu à rendre le mélange des sentiments opposés qui agitent l'âme envahie par la passion.

D. Pour ce qui est de l'usage pratique de l'accord, il se conforme à celui qui a lieu en Majeur, sauf en ce qui concerne la position, partiellement libre, de la dissonance principale.

Ex.274.

§ 120. — C'est en l'absence de la fondamentale, c'est-à-dire sous l'aspect d'un *accord de septième diminuée posé sur la note sensible* (VII-II-IV-VI♭), que la Neuvième mineure de dominante a son usage le plus étendu. La base harmonique disparue, une seule dissonance subsiste : la septième diminuée, dissonance chromatique, exempte de toute obligation relative à la situation respective des sons (§ 119, A). Aussi l'accord s'emploie-t-il avec une liberté absolue dans tous ses renversements, dans toutes ses dispositions, résolu tantôt directement, tantôt indirectement.

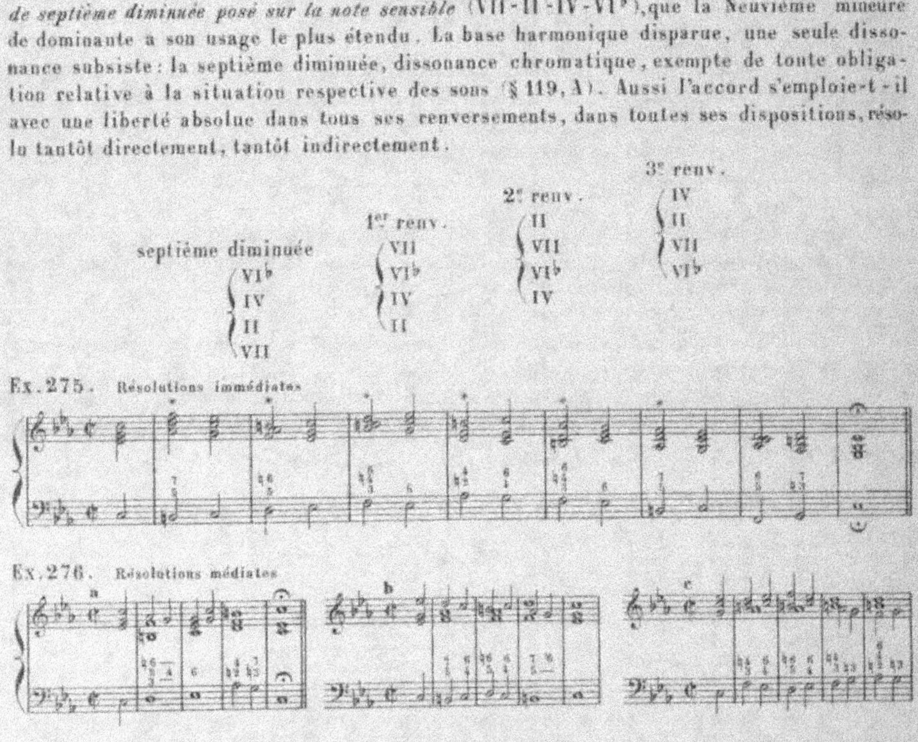

Ex.275. Résolutions immédiates

Ex.276. Résolutions médiates

A. La composition de cet accord sans fondamentale est des plus remarquables et sans analogie dans notre système harmonique : trois tierces mineures superposées (VII-II, II-IV, IV-VI♭), deux fausses-quintes qui s'entrecroisent. Une telle combinaison d'intervalles, symétrique autant que singulière, nous avertit que ce n'est pas là une modification superficielle de l'agrégation correspondante du Majeur, mais une importante formation polyphone, susceptible d'applications nombreuses et variées. Ici il suffira d'en mentionner une, et des plus curieuses. De même que les consonances vulgaires de tierce et de sixte (§§ 44, 45, C), l'accord dissonant de septième diminuée possède la propriété de former des successions continues et graduées: des échelles polyphones où les quatre parties marchent chromatiquement du même pas, en montant ou en descendant, sans se préoccuper des mouvements de leurs fondamentales absentes. (Voir la partie d'accompagnement dans l'exemple 250bis)

D'autre part, dans ses fonctions les plus ordinaires, l'accord de septième diminuée est, en Mineur, un des rouages principaux du mécanisme tonal. Tandis qu'en Majeur, la Septième de sensible (§ 90) n'a guère que la valeur d'un accent mélodique multiplié par la polyphonie, en Mineur, devenue Septième diminuée, elle renchérit sur la Septième de dominante en efficacité harmonique, puisqu'elle résume dans ses quatre sons la tonalité entière (§§ 107, B, 117).

B. La Septième diminuée a fait son apparition dans l'œuvre des compositeurs dramatiques bien longtemps avant l'agrégation fondamentale dont elle dépend théoriquement. Gluck, un des premiers, en a fait ressortir l'expression poignante, tant dans la tranquille effusion d'une douleur collective que dans les transports d'une passion individuelle arrivée à son paroxysme.

On ne manquera pas de remarquer, à la fin de l'antépénultième mesure, la bizarre résolution ascendante du deuxième renversement de l'accord de septième diminuée.

Ex.277bis

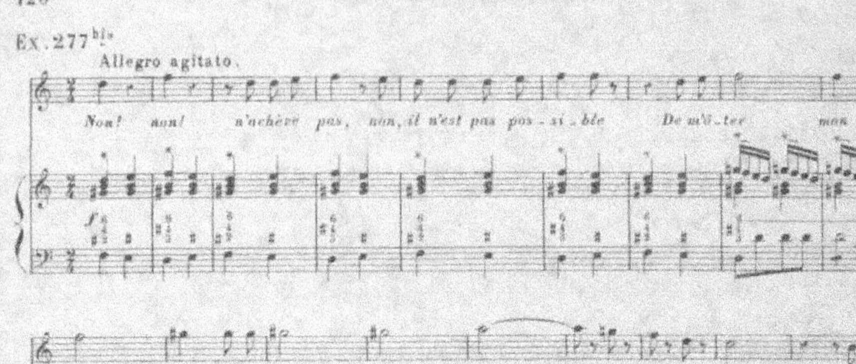

§ 121. — Plus dur encore qu'en Majeur (§ 91), *l'accord de neuvième sur le II° degré* (§ 108, A) ne s'entend guère en Mineur intégralement et à son état direct. Étant donné, d'une part, la règle qui défend les Quintes parallèles (§ 59, B), d'autre part, la nécessité pour le VI° degré mineur de se mouvoir vers le grave (§ 114, A), *la résolution immédiate sur la Septième de dominante n'est pas possible lorsque la neuvième* (III♭) *se trouve à l'aigu du VI° degré*. Il n'y a dans ce cas d'autre issue que la résolution médiate. Ou bien l'accord de neuvième passe par celui de septième avant d'aboutir à l'harmonie de dominante (**a**), ou bien celle-ci est d'abord Neuvième, ensuite Septième (**b**), ou bien encore les deux résolutions s'accumulent (**ab**).

Ex.278.

A. Allégée de sa fondamentale, la Neuvième du II° degré prend en Mineur normal l'aspect d'une *Septième de deuxième espèce sur la Sous-dominante* (IV-VI♭-I-III♭), accord dont la sonorité est moins dure que la Septième de quatrième espèce qui s'entend en Majeur (§ 92). L'enchaînement des accords, ainsi que la disposition de leurs sons et la résolution de la dissonance ont lieu en Mineur comme en Majeur, sauf toutefois l'omission plus fréquente de la préparation et les mouvements moins aisés du VI° degré dans le cas prévu plus haut.

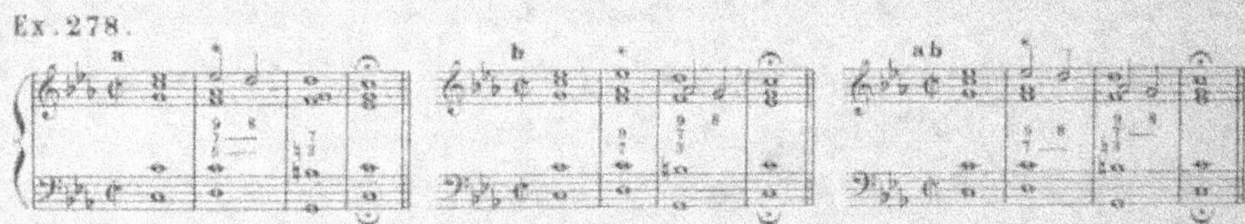

I. Dissonance préparée

Ex.279. État direct

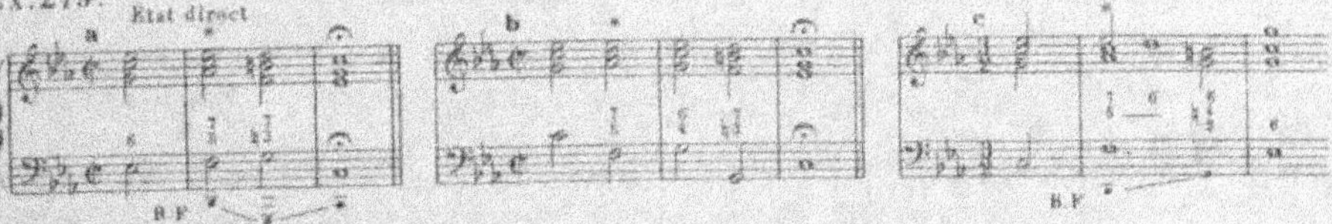

Ex.279bis Dans le Choral *Auf, auf.*

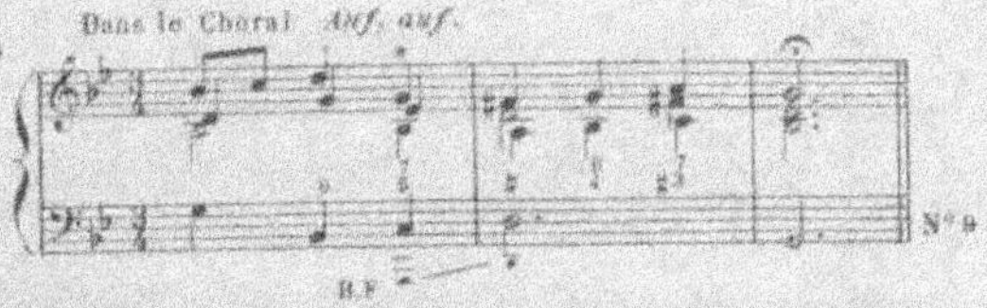

N°9

Ex.280. 1er renversement

2e renversement

3e renversement

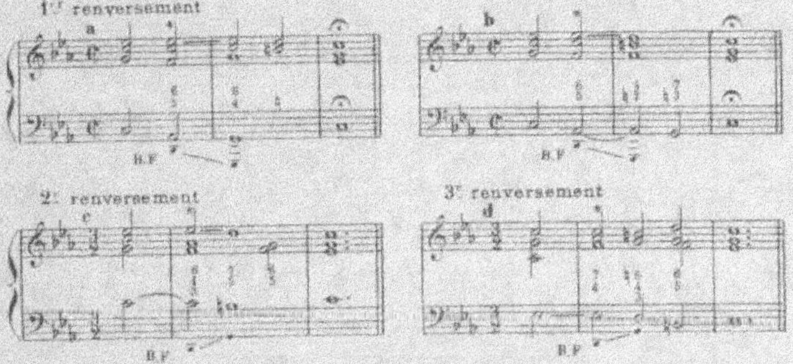

II. Dissonance non préparée

Ex.281. État direct

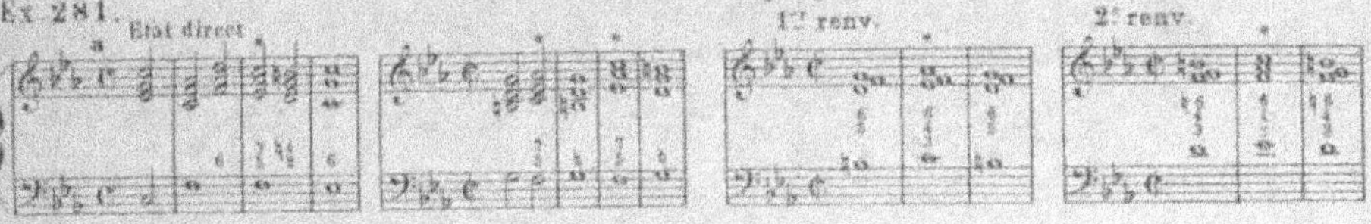

1er renv.

2e renv.

Ex.282. Choral *Vater unser im Himmelreich*

N°119

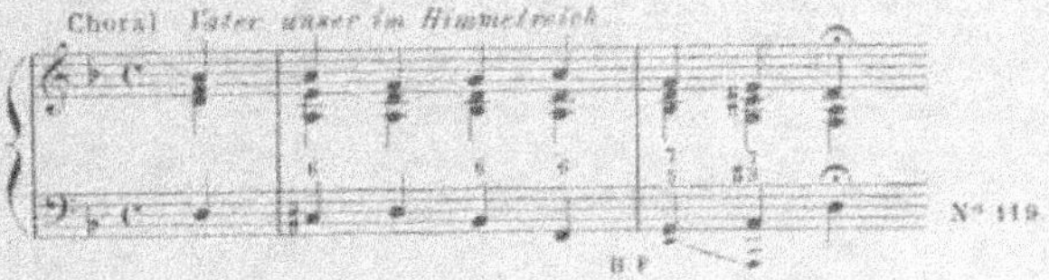

B. L'accord de septième mineure de sous-dominante, à l'état direct, avec sa fondamentale harmonique (II) s'ajoutant à l'aigu comme pédale supérieure, forme une partie essentielle de la curieuse formule de cadence dont les guitaristes de l'Espagne méridionale accompagnent les chants et les danses d'origine arabe terminés par la demi-cadence (§116).

Ex.283.

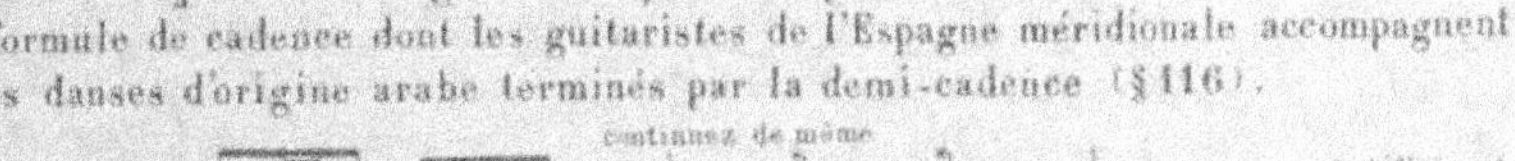

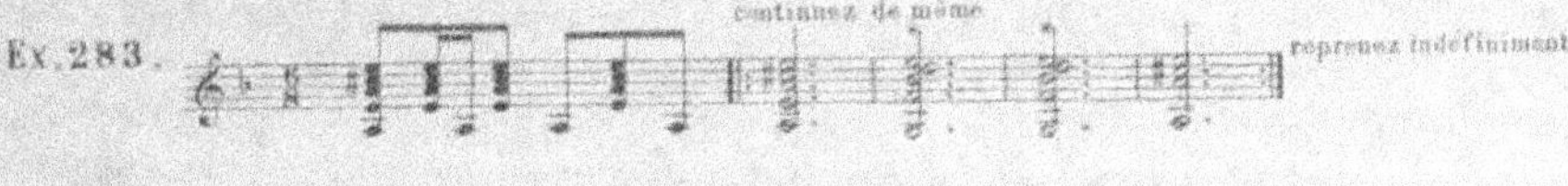

§ 122. — L'*accord de onzième sur le IIe degré* (§ 108, A) est praticable en Mineur normal dans la même mesure, à peu près, où il l'est en Majeur (§ 93). A raison de la mobilité unilatérale de VIe degré (§ 114, A), la résolution immédiate sur la Septième de dominante est difficilement réalisable; on passe d'habitude par la Septième diminuée. On ne peut résoudre directement l'accord, sinon au prix d'intonations inaccoutumées dans les parties inférieures de l'ensemble polyphone.

Ex. 284.

Les maîtres modernes ne se font pas scrupule de négliger totalement la préparation de la note dissonante.

Ex. 285.

§ 123. — Il nous reste à étudier ici *les accords faisant fonction d'essentiels dans le type secondaire du Mineur moderne. Ce sont les harmonies de la Sous-dominante et du IIe degré qui contiennent le VIe degré de l'échelle mineure haussé, et converti, de tierce mineure de la Sous-dominante, en tierce majeure* (§ 110, E, F).

On sait que cette variante a été introduite dans notre gamme mineure afin de supprimer l'obstacle qui interrompt la succession mélodique entre le VI[e] degré et la note sensible du Mineur normal (§ 109, A), obstacle qui, dans l'enchaînement régulier des accords de sous-dominante et de dominante impose au VI[e] degré le mouvement descendant, à la note sensible le mouvement ascendant (§ 114, A). Le remplacement de VI[b] par VI a pour effet d'annuler une telle contrainte. La mélopée du Mineur secondaire passe à volonté de la Dominante à la Tonique ou de la Tonique à la Dominante par degrés conjoints (§ 110, B). Mais *l'enchaînement des accords n'admet comme normale, dans les différentes parties de l'ensemble, que la succession ascendante du VIe degré à la Sensible*; en sorte que le mouvement mélodique du

degré distinctif se trouve interverti dans les deux types: descendant en Mineur normal,
il est ascendant dans notre Mineur secondaire.

En outre l'intonation VI-VII commande impérieusement la succession harmonique qui
lui sert d'accompagnement. *L'accord contenant le VIe degré doit être immédiatement suivi
d'une harmonie de dominante, triade ou septième*, ce qui exclut l'intercalation d'une Quarte-
et-sixte, en guise de double appoggiature consonante (§76, A). Toutes les formules de cadence appartenant au type secondaire du Mineur présentent au plus haut degré un caractère transitoire et ont une saveur quelque peu archaïque. On en rencontre des spécimens de
plus en plus nombreux à mesure que l'on remonte vers les origines de notre polyphonie moderne.

§124. — L'accord parfait de la Sous-dominante, converti ici de mineur en majeur (§110,
E), se produit sous ses deux principaux aspects.

124

§ 125. — **A**. La *triade mineure sur le II° degré* (§ 110, F), laquelle remplace ici l'accord de fausse-quinte du Mineur normal (§§ 108, A, 118), s'emploie également sous ses deux faces principales.

B. L'*accord de septième sur le II° degré*, devenu ici une Septième de deuxième espèce (§ 110, F), se prête mal à l'usage pratique en Mineur secondaire; le degré distinctif du type (VI) et la note dissonante (I), montrant tous deux une attraction intense vers la note sensible (VII), engendrent une succession gauche et de maigre sonorité (a). C'est pourquoi l'on se dispense volontiers de résoudre régulièrement la dissonance, en se contentant de faire entendre la résolution dans une partie quelconque de l'ensemble, et à l'octave aiguë (b).

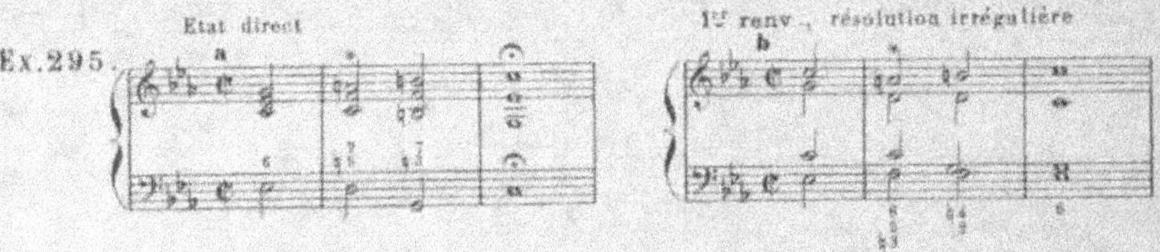

C. L'*accord de neuvième posé sur le II° degré de l'échelle mineure, type secondaire* (§ 110, F), sonne moins durement que son pendant en Mineur normal (§ 121). Employé à l'état direct et en entier, il se résout immédiatement sur la Septième de dominante sans ombre de difficulté.

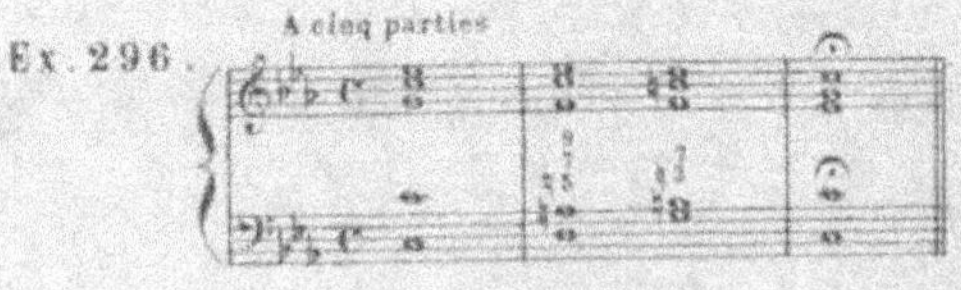

D. Néanmoins l'agrégation complète de Neuvième du II° degré se rencontre rarement dans la pratique réelle. Privé de sa fondamentale, au contraire, l'accord est très fréquent chez les vieux maîtres classiques. Prenant alors l'apparence d'une *Septième de première espèce, posée sur la Sous-dominante* (IV-VI-I-III?) et *résolue sur une harmonie de dominante*, il se montre sous ses divers aspects, à l'exception toutefois du deuxième renversement, qui amène à la Basse la Quinte de l'accord apparent, disposition peu sympathique à notre sentiment musical (§67).

E. De même qu'en Majeur (§93), donc plus aisément qu'en Mineur normal (§122), l'accord de *onzième posé sur le II° degré du Mineur secondaire* (§110,F) se réalise pratiquement en diverses façons; sa résolution est le plus souvent immédiate.

Ex.303.   Dans le Choral *Schwing dich auf.*

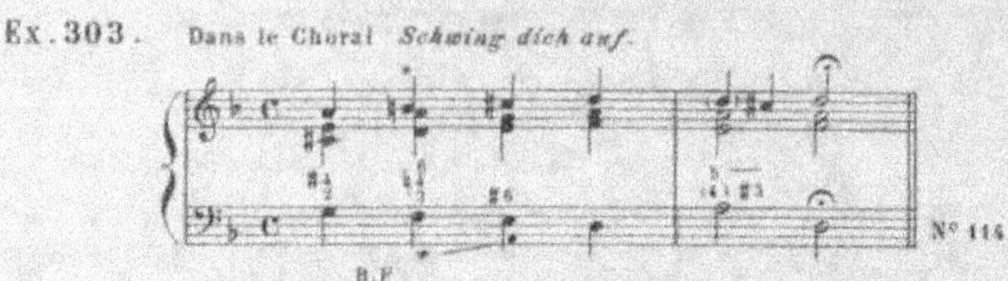

§126. — *Le type secondaire du Mineur polyphone,* étant accidentel de sa nature, *cède d'ordinaire la place au Mineur normal aussitôt opérée la résolution sur l'harmonie de dominante.*

Ex.304.

Ex.305.   Fin du Choral *O wie Selig.*

A. Il arrive assez souvent que *le Mineur normal fait déjà son apparition sur l'harmonie de dominante elle-même,* représentée par l'accord de septième diminuée, sa réalisation la plus énergiquement concentrée.

Ex.306.

B. Autrefois les harmonistes didacticiens ne toléraient pas ce dernier genre de successions. Ils qualifiaient de *fausse relation chromatique,* et prohibaient le fait *d'attaquer un son fléchi ou haussé au moment même ou une autre voix de l'ensemble quittait le même son, inaltéré;* la même expression technique et la même défense s'appliquaient à la succession opposée. Terme et prohibition sont devenus des anachronismes depuis J.S.Bach, qui a fait de la prétendue *fausse relation* un de ses procédés les plus usuels. Pour s'en convaincre il suffit de lire le Chœur d'introduction de la sublime *Passion selon saint Matthieu.* Il ne s'ensuit pas de là que toutes les successions de ce genre soient à recommander. Une règle abolie garde encore sa valeur comme salutaire avertissement aux élèves de n'user des nouvelles libertés qu'à bon escient, et de ne pas confondre des maladresses avec des trouvailles.

TROISIÈME SECTION

Les accords complémentaires du Mineur polyphone

§ 127. — Leurs triades fondamentales sont au nombre de quatre : les trois accords majeurs posés à gauche de celui de la Sous-dominante, sur les degrés VII♭, III♭, VI♭ ; l'accord de dominante du Mineur diatonique (§ 108).

$$\left\{\begin{array}{l}\text{III}^\flat\\ \text{I}\\ \text{VI}^\flat\end{array}\right. \qquad \left\{\begin{array}{l}\text{VII}^\flat\\ \text{V}\\ \text{III}^\flat\end{array}\right. \qquad \left\{\begin{array}{l}\text{IV}\\ \text{II}\\ \text{VII}^\flat\end{array}\right. \qquad \left\{\begin{array}{l}\text{II}\\ \text{VII}^\flat\\ \text{V}\end{array}\right.$$

En Mineur le compositeur moderne dispose donc de deux triades de dominante ; l'essentielle, majeure, sert à former les cadences tonales ; la complémentaire, mineure, est réservée pour l'intérieur des périodes harmoniques.

Ex. 307.

Ex. 308. Choral *Vater unser* (v. ex. 282).

A. En Majeur les accords complémentaires et les essentiels, étant tirés de la même échelle, se fondent dans un tout homogène et se succèdent sans disparate ; en Mineur il en est autrement. Des quatre triades complémentaires, trois renferment le son éliminé dans l'échelle du Mineur normal (VII♭).

$$\left\{\begin{array}{l}\text{VII}^\flat*\\ \text{V}\\ \text{III}^\flat\end{array}\right. \qquad \left\{\begin{array}{l}\text{II}\\ \text{VII}^\flat*\\ \text{V}\end{array}\right. \qquad \left\{\begin{array}{l}\text{IV}\\ \text{II}\\ \text{VII}^\flat*\end{array}\right.$$

L'audition répétée de ce VII° degré diatonique transporte l'auditeur hors de la tonalité moderne, dans le mode homophone de LA (§ 23), la mélopée mineure de la chanson médiévale et du chant d'Église. De là l'archaïsme marqué des successions où entrent ces accords parfaits, *quand ils se produisent à l'état direct*. En pareil cas l'intention de produire un effet pittoresque est toujours évidente chez le compositeur moderne.

Ex. 309.

B. Une seule des quatre triades complémentaires, celle qui a pour fondamentale VI♭, ne renfermant aucun son étranger au Mineur normal (§108), est, à son état direct, d'un usage courant dans les œuvres actuelles de style profane. Elle participe aux mêmes successions à peu près que l'accord correspondant du Majeur.

Formules de cadences parfaites et de demi-cadences (v. § 96, B).

Ex. 311.

Alternances avec les triades de Tonique et de Sous-dominante

Ex. 312.

Ex. 313.

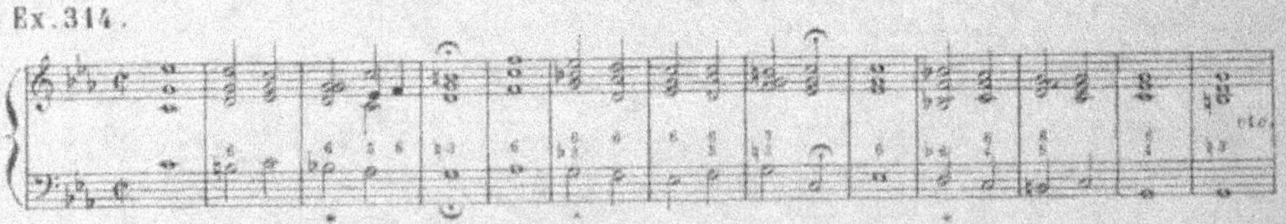

Auber, *les Diamants de la couronne*.
Benoît aîné, Éditeur-propriétaire.

C. Quant aux *trois accords parfaits contenant le VII° degré diatonique de l'échelle mineure, ils ne s'emploient guère qu'à leur premier renversement* dans les successions ordinaires de la polyphonie mineure, et notamment dans les formules de demi-cadences, bâties le plus souvent sur un dessin de Basse procédant par degrés conjoints.

Ex. 314.

D. De courtes et lentes marches de Basse aboutissant à une des cadences principales du Mineur, et propres à se répéter indéfiniment, ont autrefois (sous le nom de *Basses-contraintes*) servi fréquemment de Thème à des compositions vocales et instrumentales dont quelques unes sont, de nos jours encore, réputées des chefs-d'œuvre.

Ex. 315.

Le plus fécond peut-être de ces Thèmes, à en juger par les innombrables variations harmoniques qu'il a suggérées, est la simple descente diatonique de la Tonique mineure à la Dominante.

§ 128. — Tout comme en Majeur, *la cadence rompue a régulièrement son point d'arrêt en Mineur sur l'accord parfait du VI° degré* (§ 96, D); mais ici le mouvement ascendant de l'harmonie de dominante vers une fondamentale distante d'un demi-ton seulement, recèle une énergie singulière et peut produire un effet des plus frappants, même amené par une succession simplement homophone.

Ex. 316.

A. Quelques variantes de la cadence rompue, analogues à celles que fournit le Majeur (ex. 193, 193 bis), se produisent également ici.

Ex. 317.

B. L'arrêt sur la triade du VIe degré est apte à devenir en Mineur le point de départ d'une véritable modulation introtonale, la première que nous ayons à traiter séparément. *Il y a modulation introtonale lorsque la fonction de tonique passe momentanément à un autre degré de la gamme mineure ou majeure, sans que la souveraineté de la Tonique fondamentale cesse de se faire sentir.* Pour réaliser de telles digressions harmoniques, dont nous n'avons vu jusqu'à présent que le simulacre (§ 99 et suiv.), une condition est indispensable : *il faut que la tonique passagère marche escortée de son harmonie majeure de dominante, et que tous les éléments de ce dernier accord appartiennent (ou soient attribuables) au domaine tonal dans laquelle la composition se meut actuellement.* C'est l'accord parfait du IIIe degré de l'échelle mineure (III$^\flat$ – V – VII$^\flat$) qui remplit ici le rôle d'harmonie de dominante et amène une cadence parfaite sur le VIe degré.

Ex. 318.

C. Le repos sur la tonique subordonnée (VI$^\flat$) s'établit faiblement dans ce passage, faute d'être précédée d'un accord de septième sur la dominante momentanée (III$^\flat$). Notre échelle mineure ne possède pas la dissonance qu'il faudrait (II$^\flat$); à sa place elle amène II, septième majeure de III$^\flat$ et *triton de* VI$^\flat$.

Cette dernière particularité du VIe degré, employé comme arrêt harmonique en Mineur, a inspiré à Weber les accords si caractéristiques de la *Chasse infernale*, au final du IIe acte de *Freyschütz*. La triade VI$^\flat$ – I – III$^\flat$ y alterne constamment avec une dissonance grimaçante de septième diminuée, rendue plus âpre à certains moments par un mouvement de fausse-quinte à la Basse. L'effet est d'une bizarrerie sinistre.

Ex. 319.

§ 129. — Bien que la *triade du Majeur relatif* (III^b-V-VII^b) figure parmi les accords complémentaires qui font entendre le son exclu du Mineur normal (VII^b) et ne se lient pas bien avec les harmonies essentielles (§ 127, A), elle n'en prend pas moins une part des plus actives au fonctionnement polyphone du mode mineur. Si elle ne se mêle guère aux successions qui s'acheminent vers une des deux grandes cadences tonales (§ 127, B), *elle intervient séparément comme tonique secondaire, entourée d'un cortége complet d'harmonies de dominante et de sous-dominante, dans les membres intérieurs de la période musicale.* En somme la composition ordinaire d'un chant polyphone nous montre la tonalité fondamentale coupée à chaque moment par des incises, souvent assez étendues, appartenant en entier au Majeur relatif.

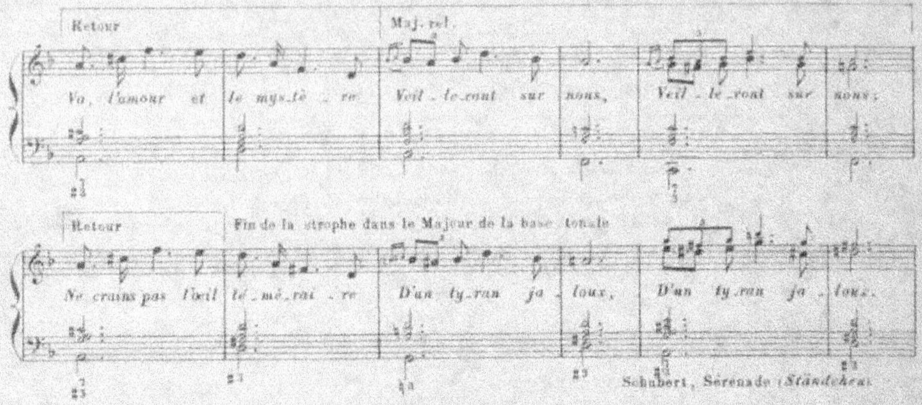

A. *Ce qui distingue en général les modulations introtonales des transitions impliquant le déplacement de la Tonique souveraine, c'est que, en sortant des cadences tonales, ou en y rentrant, elles ne nécessitent ni accord médiateur ni aucune liaison harmonique apparente* (Ex. 323). Dans le passage du Mineur (tonalité principale) au Majeur relatif et vice versa, il est à remarquer que même les accords dissonants des deux Dominantes sont admis à se succéder directement, sans souci du mouvement de leurs fondamentales (Ex. 324).

B. Il y a des exemples, communs dans les anciennes mélodies populaires et les chants d'É-
glise, de compositions mineures qui débutent dans le Majeur relatif.

Ex. 325.   Choral *Was mein Gott will*.

§ 130. — *En Mineur les progressions diatoniques excluent naturellement toute agrégation
contenant la note sensible.* Composées des mêmes accords que les progressions du Majeur relatif
(§ 108), elles suivent les mêmes règles et comportent à peu près les mêmes variétés. Le mouvement fondamental de fausse-quinte, qui se produit en descendant de VI⁺ à II, est accepté
comme en Majeur la succession de IV et VII (§ 61). Seule l'attribution tonale des accords est
autre, encore la différence ne s'accuse-t-elle qu'au point de départ de la marche harmonique et
à la rentrée dans le giron de l'organisme central, puisque pendant toute la durée de la progression la suprématie de la Tonique est latente (§ 74). La réapparition de la tonalité souveraine se signale par un accord majeur de dominante (triade ou Septième), amené le plus souvent
par une harmonie du IIᵉ degré.

Nous nous dispenserons de reproduire ici, adaptés au système mineur, toutes les progressions et leurs renversements pratiqués en Majeur diatonique (§§ 98_103), nous bornant à en
donner quelques spécimens démonstratifs.

A. _Mouvement continu des fondamentales par quinte descendante (§§ 99_101)
    I. Triades accouplées

Ex. 326 (v. ex. 197).

Ex. 326bis

    II. Septièmes alternant avec des triades

Ex. 327 (v. ex. 198).

b. Renversements (v. ex. 201).

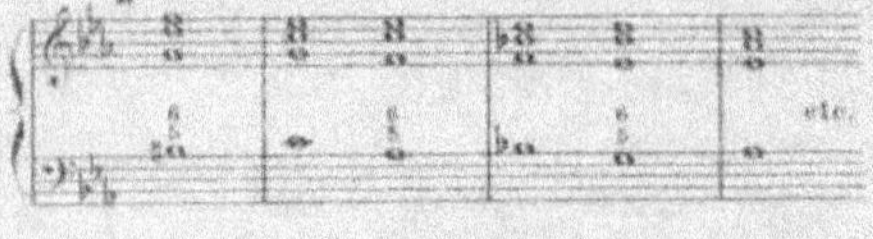

c.

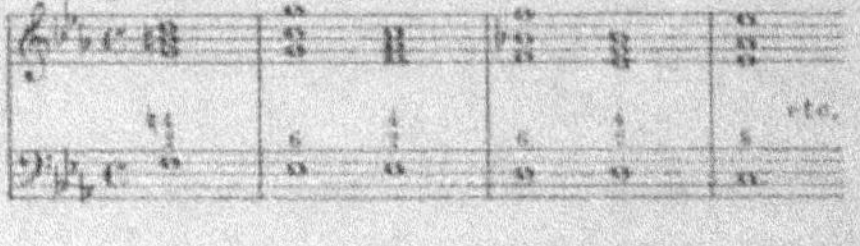

III. Septièmes en série continue

Ex. 328 (v. ex. 202). État direct.

b. Renversements (v. ex. 203).

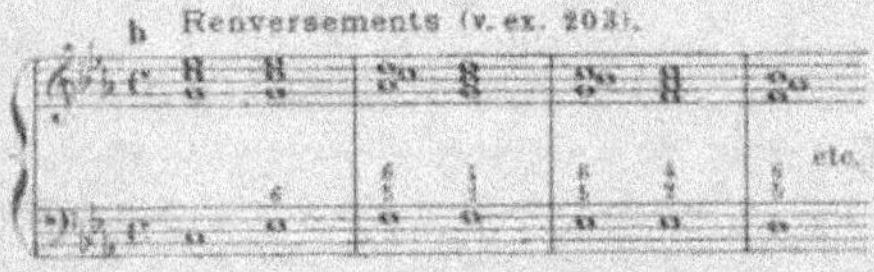

c.

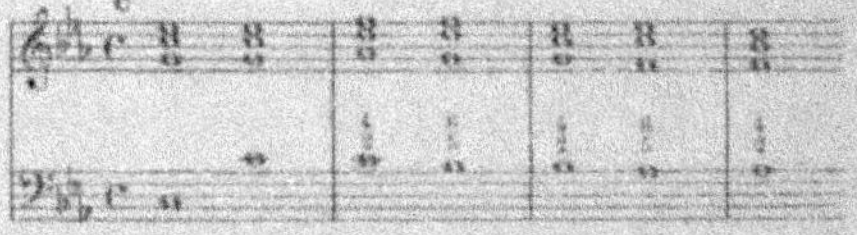

Ex. 328bis.

Andante mosso

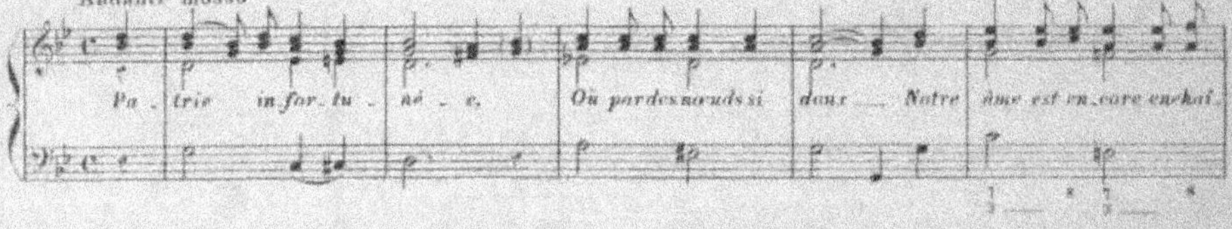

Gluck. *Iphigénie en Tauride.*

IV. Les accords de neuvième, dans les progressions diatoniques du Mineur, ne se produisent guère qu'avec la résolution médiate et anticipée.

à cinq parties

Ex. 329 (v. ex. 205).

Rentrée

Accords de neuvième sans fondamentale, résolus par anticipation (v. ex. 206).

Ex. 330 (v. ex. 206).

B. — Mouvements alternés des fondamentales procédant par des intervalles divers (§ 102)

Ex. 331 (v. ex. 207). Quarte ascendante et tierce descendante

Ex. 332 (v. ex. 211). Quarte descendante et tierce ascendante

Ex. 333 (v. ex. 212). Quarte descendante et seconde ascendante

Ex. 333bis

C. Les progressions diatoniques soutenues par une Pédale de Tonique ou de Dominante (§ 103) sont d'un effet moins satisfaisant en Mineur qu'en Majeur. La cause en est patente. Des suites d'accords où l'on s'abstient de faire entendre le son caractéristique et distinctif du Mineur polyphone, la note sensible, sont peu faites pour s'appuyer sur les deux colonnes harmoniques du système. En Mineur la Pédale porte d'ordinaire des successions plus ou moins chromatiques.

136

§ 131. — *L'amalgame des trois types du Mineur* (§ 111) enrichit la mélopée polyphone d'accords et de successions dont l'usage n'a pas été étudié jusqu'ici. Ce mélange a pour premier et plus fécond effet *d'augmenter le nombre des triades majeures comprises dans le domaine harmonique de notre Mineur*, et de fournir par là des accords de dominante, consonants et dissonants, à de nouvelles modulations introtonales.

Pour établir l'échelle mélodique de ce Mineur intégral, nous avons dû nous borner à ranger dans un ordre graduel tous les sons contenus dans nos trois gammes mineures, ce qui nous a donné une succession de neuf échelons (§ 111, C). La réalisation polyphone de cette échelle nous oblige maintenant d'y englober un dernier son de la double série heptaphone (§ 107), le seul que nous ayons laissé de côté jusqu'ici : à savoir III, la tierce *majeure* de la Tonique.

$$\text{Série du Majeur:} \quad IV \quad \boxed{I} \quad V \quad II \quad VI \quad \overset{*}{III} \quad VII$$
$$\text{Série du Mineur diatonique:} \quad VI^{\flat} \quad III^{\flat} \quad VII^{\flat} \quad IV \quad \boxed{I} \quad V \quad II$$

Par suite de cette adjonction, la triade de Tonique prend facultativement en Mineur l'une ou l'autre des deux tierces consonantes, propriété qui, nous le savons, appartient également aux triades de Sous-dominante et de Dominante.

$$
\begin{array}{ccc}
\text{Sous-dominante} & \text{Tonique} & \text{Dominante} \\
\left\{\begin{matrix} I \\ VI^{\flat} \;\; VI \\ IV \;\; IV \end{matrix}\right\} &
\left\{\begin{matrix} V \;\; V \\ III^{\flat} \;\; III \\ I \;\; I \end{matrix}\right\} &
\left\{\begin{matrix} II \;\; II \\ VII^{\flat} \;\; VII \\ V \;\; V \end{matrix}\right\}
\end{array}
$$

Six degrés de l'échelle mineure (les six premiers sons de la double série heptaphone) se trouvent ainsi aptes à être le siège d'une triade majeure, et *chacun de ces accords parfaits, sauf le premier, fonctionne comme harmonie de dominante de la triade située à sa gauche.*

$$
\left\{\begin{matrix} III^{\flat} \\ I \\ VI^{\flat} \end{matrix}\right\}
\left\{\begin{matrix} VII^{\flat} \\ V \\ III^{\flat} \end{matrix}\right\}
\left\{\begin{matrix} IV \\ II \\ VII^{\flat} \end{matrix}\right\}
\left\{\begin{matrix} I \\ VI \\ IV \end{matrix}\right\}
\left\{\begin{matrix} V \\ III \\ I \end{matrix}\right\}
\left\{\begin{matrix} II \\ VII \\ V \end{matrix}\right\}
$$

Remarquons de plus que l'accord parfait majeur de la Tonique, de même que celui de la Sous-dominante, trouve dans l'échelle intégrale du Mineur le son nécessaire pour se changer en Septième de première espèce, et accentuer ainsi son caractère éventuel d'harmonie de dominante.

$$
\left[\begin{matrix} VII^{\flat} \\ V \\ III \\ I \end{matrix}\right.
\qquad\qquad
\left[\begin{matrix} III^{\flat} \\ I \\ VI \\ IV \end{matrix}\right.
$$

A. *L'harmonie majeure de Tonique*, triade ou Septième, *assumant momentanément les fonctions de Dominante, engendre une modulation introtonale à la Sous-dominante.*

Ex. 334

Ex. 335.

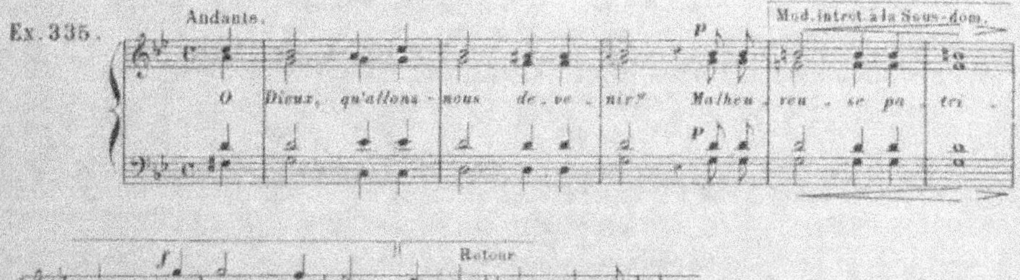

Comme la Sous-dominante elle-même porte éventuellement une triade majeure en Mineur normal (§§ 110, E, 123), il arrive parfois que, dans un même membre de phrase en Mineur, les trois harmonies essentielles fassent entendre leur tierce majeure.

Ex. 336.

B. *La triade majeure de la Sous-dominante (IV−VI−I), en prenant à l'occasion les fonctions d'harmonie de dominante,* relevée facultativement par la dissonance de septième (IV−VI−I−III♭), *détermine une modulation introtonale au VIIe degré du Mineur diatonique.*

Ex. 337.

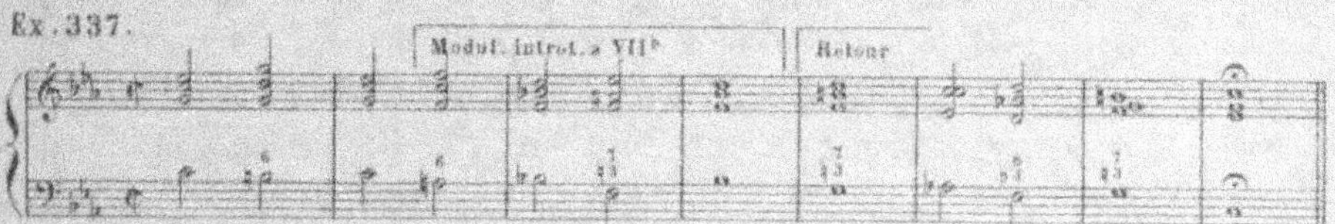

Ex. 338. Choral *Jesu der du meine Seele.*

Ex. 339. (suite de l'ex. 336).

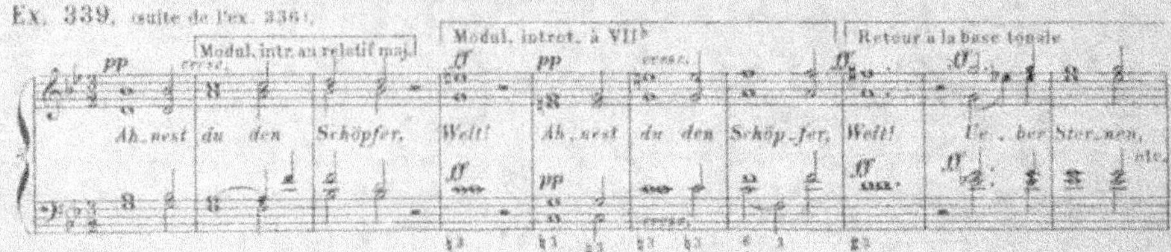

§ 132. — Ainsi que nous l'ont fait voir les pages précédentes, et que les suivantes continueront à nous le montrer, *chaque agrandissement du domaine tonal amène avec lui de nouvelles modulations introtonales*, des points d'arrêt de plus en plus variés dans le développement polyphone de l'idée musicale. Notre mineur intégral engendre en lui-même quatre toniques subordonnées, chacune escortée de son harmonie de dominante: elles ont leur siège sur les quatre degrés de la double série heptaphone situés à la gauche de la Tonique souveraine (IV—VII♭—III♭—VI♭). Aux deux grandes cadences tonales, la parfaite sur la Tonique, la demie sur la Dominante, viennent s'ajouter quatre cadences passagères sur les autres degrés de l'échelle diatonique mineure, à l'exception du seul IIe degré, lequel, ne portant pas d'accord parfait, est incapable de porter un repos quelconque.

Outre les courtes digressions tonales qu'ils fournissent, *ces nouveaux éléments polyphones servent à réaliser en harmonie simultanée les intonations chromatiques contenues dans l'échelle du Mineur intégral. Plusieurs progressions diatoniques, transcrites plus haut (§ 130), deviennent facilement, dans une partie de leur parcours, des successions chromatiques, modulantes.*

A. Marche des fondamentales par quinte descendante

I. Triades accouplées

Ex. 340. (v. ex. 326ª).

II. Septièmes de dominante alternant avec des accords parfaits

Ex. 341. (v. ex. 327).

III. Septièmes de dominante en série continue

Ex. 342.

B. Mouvement alterné des fondamentales par divers intervalles.

I. Quarte ascendante et tierce descendante
Ex. 343. (v. ex. 331).

II. Quarte descendante et tierce ascendante
Ex. 344. (v. ex. 332).

§ 133. — Le mélange polyphone des divers types du Mineur moderne se réalise encore par des moyens autres que les modulations introtonales et les progressions: notamment par l'alternance répétée de triades appartenant à deux types différents (**a**), ou bien par des accords se succédant sans symétrie (**b, c, d, e**).

Ex. 345.

§ 134. — Pour épuiser la matière polyphone du Mineur moderne il nous faut encore produire *l'accord chromatique de quinte augmentée* III°–V–VII, issu de la triade complémentaire du III° degré III°–V–VII? par l'altération ascendante de la consonance de Quinte, par le changement du VII° degré diatonique en note sensible (§ 109. B).

A. L'accord dissonant chromatique de quinte augmentée, que nous verrons apparaître souvent au cours de ces études, montre une structure harmonique des plus remarquables. *Se décomposant en deux tierces majeures* (§ 50), *il fait pendant à l'accord de septième diminuée, formé de trois tierces mineures superposées* (§ 120, A). Une pareille construction sonore implique les combinaisons harmoniques les plus variées, et assigne aux deux agrégations un rôle très étendu dans la pratique moderne. Comme il ne renferme dans ses trois sons qu'une dissonance chromatique (§ 119, A), l'accord de quinte augmentée exhibe librement ses trois états harmoniques qu'il présente dans toutes leurs dispositions.

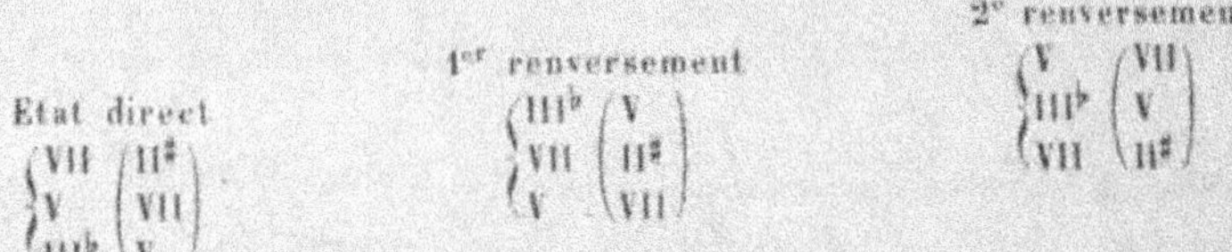

Pour ce qui est du mouvement de sa Basse-fondamentale, cet accord dissonant se conforme ordinairement au principe général: la résolution par Quinte descendante (§ 56, A). Quant à la note dissonante elle obéit à sa tendance mélodique en montant par demi-ton au degré contigu.

B. L'accord de quinte augmentée posé sur le IIIe degré de l'échelle mineure se fait donc suivre le plus souvent de la triade consonante du VIe degré mineur, tonique passagère auprès de laquelle il remplit les fonctions d'harmonie de dominante avec une énergie refusée à l'accord consonant (§ 128, B, C).

Ex. 346. (v. ex. 318). État direct.

Ex. 347.

Ex. 348. Fin du Choral *Vater unser.*
Adagio

N° 120.

C. *Les accords qui ne renferment qu'un seul intervalle chromatique et aucune dissonance diatonique (comme ceux de quinte augmentée et de septième diminuée), s'affranchissent volontiers de toute dépendance à l'égard des mouvements de la Basse-fondamentale; les propriétés et tendances mélodiques de leurs sons individuels suffisent à indiquer les résolutions admissibles.*

Ex. 349.

Ex. 350. dans le Choral *Jesu meine Freude.*

QUATRIÈME SECTION

Le Majeur mixte

§ 135. — En tant que tonalité fondamentale d'une œuvre musicale quelque peu développée, le Mineur a vu graduellement décroître son usage depuis l'époque de Bach et de Händel. Certes, aucun de nos compositeurs de musique instrumentale ne s'aviserait, comme les deux immortels maîtres, d'offrir au public une suite de six ou sept morceaux tous écrits en Mineur (et dans le même ton)[1]. Personne n'imaginerait aujourd'hui des créations telles que les deux Passions de J. S. Bach, où la plupart des grands morceaux appartiennent à la tonalité mineure.

Au XVIIᵉ siècle la prédominance du Mineur était plus marquée encore. Dans les Cantates de Luigi Rossi, de Carissimi, de Stradella, comme dans les opéras de Monteverde, Cavalli, Cesti, Lulli, toutes les cantilènes sentimentales sont en Mineur. La proportion des morceaux en Majeur est, tout au plus, de 1 sur 3.

---

[1] Voir les *Partite* et *Suites* de J. S. Bach, de même que les *Suites* de Händel.

A. À mesure que le Mineur a perdu du terrain et reculé au second plan, le Majeur a de plus en plus agrandi son domaine et fait sentir sa souveraineté, en mêlant à ses propres harmonies, claires, énergiques, les accents assombris et alanguis du Mineur. De notre temps le Majeur strictement diatonique n'apparaît plus guère dans les compositions musicales destinées à l'exécution publique. *Notre Majeur actuel s'annexe à volonté, non seulement tous les accords du Mineur intégral* (§§ 111, 131 et suiv.), *mais encore leurs altérations chromatiques.*

B. Le choix des matériaux mélodiques et polyphones du Mineur appelés à se joindre éventuellement à ceux du Majeur diatonique, non moins que la manière de combiner les deux éléments, dépend tout-à-fait de la libre initiative du compositeur. Néanmoins une étude méthodique de l'art polyphone doit considérer séparément, _ et tout d'abord, _ une variété typique du Majeur mixte, employée avec prédilection par les compositeurs dramatiques du XIXᵉ siècle et déjà signalée par un célèbre théoricien harmoniste, _ Hauptmann, _ qui la désigne sous la dénomination de *Dur-Moll-Tonart*. Nous l'appelerons *Majeur teinté de Mineur*.

§ 136. _ Dans la succession mélodique cette variété particulière du Majeur mixte se produit simplement *par la substitution du VIᵉ degré de l'échelle mineure à l'échelon correspondant du Majeur diatonique*.

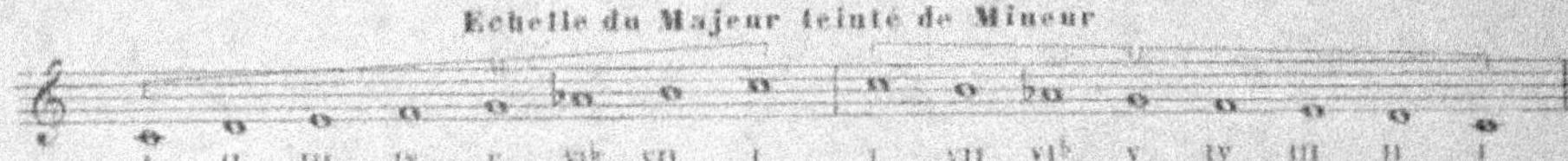

Bien qu'isolée, la note intruse (VIb), qui porte l'arrêt de la cadence rompue en Mineur (§ 128) suffit pour troubler la sérénité de la mélopée majeure. Elle est le trouble-fête qui vient arrêter net les élans de la joie.

Ex. 351.

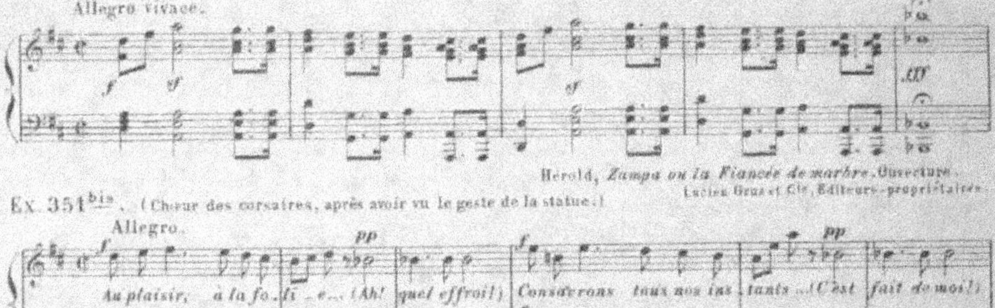

A. Tout en n'exhibant qu'un seul échelon déplacé, l'échelle précédente n'en embrasse pas moins, comme le Mineur normal, les deux points opposés de la double série heptaphone, VIᵇ-VII (§ 107). Elle contient en conséquence les mêmes intervalles chromatiques. La seconde augmentée et la septième diminuée occupent les mêmes degrés qu'en Mineur (VI♭_VII, VII_VI♭). Il en est différemment pour le double intervalle de *quarte diminuée* et de *quinte augmentée* qui se produit par les successions III_VI♭ et VI♭_III. *Ce sont là les intonations spéciales et caractéristiques du Majeur teinté de Mineur.* La propriété expressive de cette mélopée réside dans la dissonance chromatique produite par le contact direct ou médiat du VI° degré mineur et de la tierce tonale, majeure: contact qui, dans la succession mélodique, se réalise le plus naturellement par l'intervalle diminué (§ 109, C).

Ex. 352.

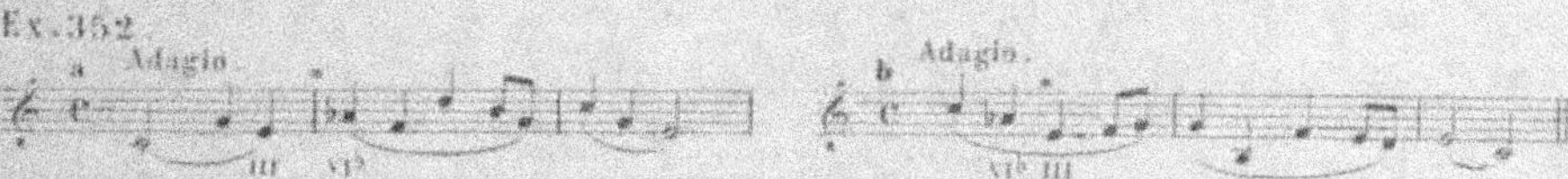

La quinte augmentée contenue dans l'échelle du Mineur normal (III♭_VII) n'a pas, comme intervalle mélodique, d'emploi régulier (§ 109, B). Plus favorisée, *la quinte augmentée propre au Majeur mixte (VI♭_III) se chante aujourd'hui, tant en montant qu'en descendant, à l'égal de son interversion, la quarte diminuée.*

Ex. 352bis

B. L'accent ému de la note altérée ressort d'une manière plus sentie par la juxtaposition du son diatonique. Dans le dessin de la mélodie l'intonation fléchie tantôt précède, tantôt suit; il y a expansion ou dépression du sentiment.

Ex. 353.

§ 137. — La flexion du VI° degré de l'échelle majeure affecte une des triades constitutives du système tonal, puisqu'elle donne à la Sous-dominante une tierce mineure. Sous ce nouvel aspect *le corps harmonique présente la consonance centrale, majeure, flanquée d'une triade mineure à gauche.*

	Sous-dominante				Dominante	
IV	VI♭	I	III	V	VII	II
		TONIQUE				

Une telle construction harmonique fait en quelque sorte pendant au type secondaire du Mineur, lequel montre à la gauche de la triade tonale un accord majeur de sous-dominante (§ 110, E).

A. Comme la triade de sous-dominante (IV_VI♭_I), l'accord primaire et la Septième du II° degré exhibent dans cette variété du Majeur mixte les mêmes sons qu'en Mineur normal (II_IV_VI♭, II_IV_VI♭_I). Nous en dirons tout autant de la Neuvième de dominante (V_VII_II_IV_VI♭), généralement pratiquée sous l'apparence d'une Septième diminuée (VII_II_IV_VI♭).

B. L'enchaînement de toutes ces agrégations à flexion mineure avec les harmonies du Majeur diatonique ne nécessite aucune règle spéciale. Des exemples suffiront à en montrer la réalisation pratique. On s'apercevra bientôt que les effets, inattendus parfois, produits par des successions de cette espèce, ne sont pas dus aux accords eux-mêmes, mais au milieu tonal qui les réunit ici, en d'autres termes à la manière dont l'accord fléchi est amené.

§ 138. — A¹ *Accord parfait mineur de la Sous-dominante.*

Ex. 354.

Ex. 355.

A² Comme élément d'un dessin monodique, le VI° degré fléchi, porté par une harmonie de sous-dominante, jette au milieu des intonations limpides et saines du Majeur diatonique une note troublante, morbide.

Des cantilènes théâtrales d'allure populaire, appartenant au répertoire français du drame musical, ont acquis, grâce à l'intervention de cette note étrange, une expression assez forte pour provoquer chez l'auditeur un vague sentiment d'effroi. Elles se produisent à un moment de l'action où éclate un contraste saisissant entre la scène joyeuse qui se déroule sur le théâtre et la suite tragique des événements, connue du spectateur ou pressentie par lui.

Ex. 356. *Zampa ou la fiancée de marbre* (Hérold), 1er acte: Refrain bachique entonné par le corsaire impie devant la statue de sa victime, instrument futur de la vindicte céleste.

Ex. 357. *Raoul Barbe-bleue* (Grétry), fin du II° acte: Danse champêtre dans le Divertissement offert par les vassaux du terrible sire à leur châtelaine, le soir même du jour où elle a surpris l'affreux mystère de la chambre défendue.

Voir aussi l'ex. 364 (ci-après), *la Muette de Portici* (Auber), commencement du V° acte: strophes chantées et dansées au moment avant la catastrophe et le cataclysme final.

A[3] Dans l'ensemble vocal la note altérée ne s'entend que dans une seule voix et perd par là une grande partie de son énergie expressive. L'harmonie fléchie de la Sous-dominante s'y emploie plutôt comme un élément de variété sonore, destiné à amener avec un éclat plus vif l'accord prototype diatonique.

Ex. 358. Duo des *Soirées italiennes* de Rossini.

Ex. 359. Fin du *Pater noster* à 4 voix de Cherubini.

B. *Accord de fausse-quinte sur le IIe degré* (v. ex. 267, 268).

Ex. 360.

Ex. 361. Allegretto con fuoco.

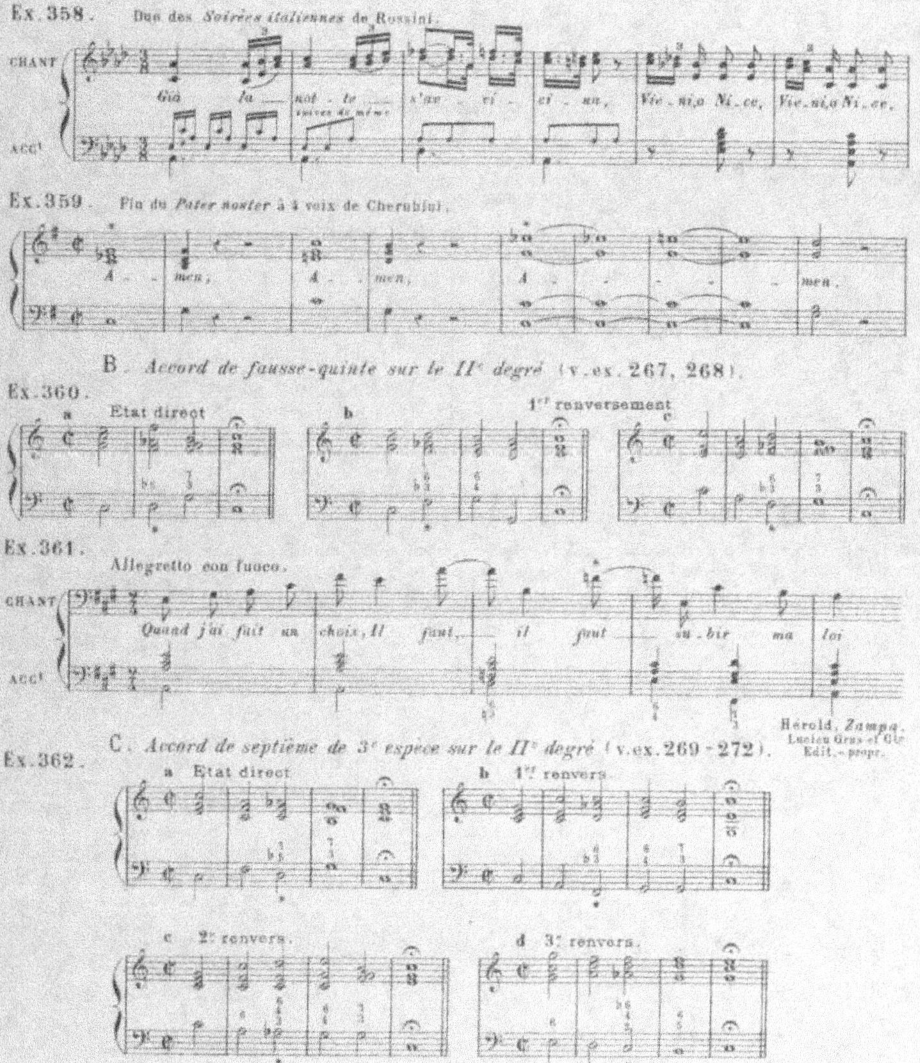

Ex. 362. C. *Accord de septième de 3e espèce sur le IIe degré* (v. ex. 269 - 272).

Ex. 363.

§ 139. — Contrairement aux trois accords précédents, la *Neuvième mineure de dominante* et son représentant ordinaire, la *Septième diminuée*, sont des agrégations chromatiques par leur composition même (§ 119); aussi expriment-elles un sentiment plus poignant. En outre la résolution sur une Tonique majeure leur donne une intensité expressive, un mouvement dramatique qu'elles ne possèdent pas au même degré en Mineur.

Ex. 365.

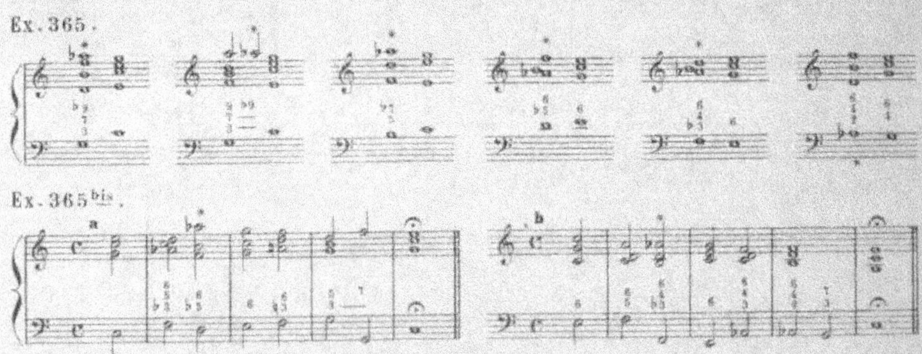

Ex. 365 bis.

L'emploi de cette harmonie chromatique de dominante en Majeur remonte assez haut: maint exemple s'en trouve chez Gluck. L'accent pathétique ne se fait entendre parfois que dans l'accompagnement.

Ex. 366.

§ 140. — Tous les accords dont nous venons de montrer l'emploi en Majeur mixte sont pris, sans modification aucune, dans le matériel polyphone du Mineur. Il nous reste encore à étudier *deux agrégations dissonantes exclusivement propres au Majeur mixte*, puisqu'ils renferment un intervalle chromatique étranger au Mineur: la quinte augmentée VI♭_III (§ 136, A).

A. Le premier de ces deux accords chromatiques est la *triade de quinte augmentée, posée sur le degré fléchi lui-même* (VI♭_I_III). Nous avons déjà rencontré en Mineur un accord composé des mêmes intervalles (§ 134). L'accord VI♭_I_III se pratique sous ses trois aspects. Il reproduit en grande partie les successions tonales de son prototype diatonique et consonant (§ 96, B). Les mouvements de sa fondamentale et de ses autres sons obéissent au principe énoncé plus haut (§ 134, C).

Ex. 368.

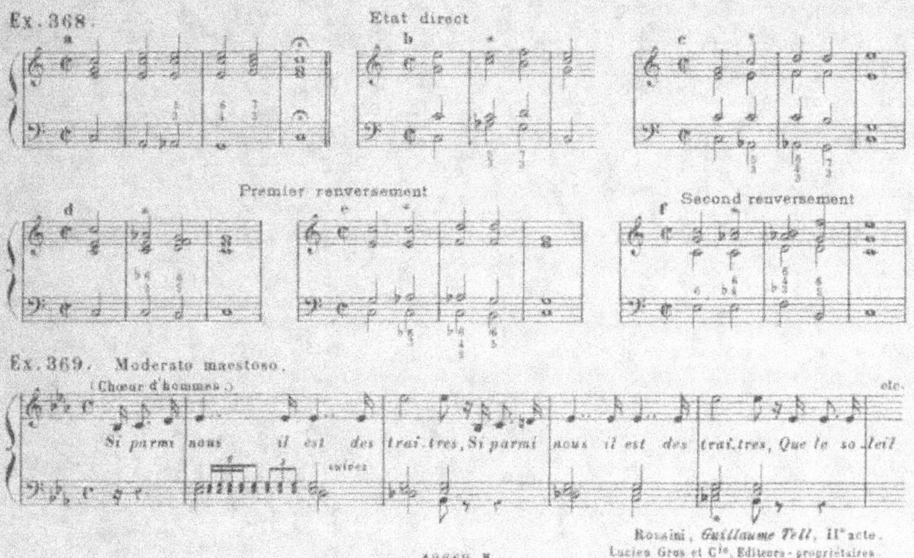

Ex. 370.

B. Le second accord contenant la quinte augmentée particulière à ce Majeur mixte (VI♭_III) est une *Neuvième sur le IIe degré* (II_IV_VI♭_I_III) dont la fondamentale s'élimine généralement, en sorte qu'il reste en apparence un *accord de septième de quatrième espèce avec tierce mineure, lequel a son siège sur la Sous-dominante* (IV_VI♭_I_III). La note supérieure de l'agrégation (III), dissonance à la fois chromatique (VI♭_III) et diatonique (IV_III), est un accent expressif, intense jusqu'à la dureté; il s'entend régulièrement à la partie la plus aiguë de l'ensemble polyphone et exige la préparation (§ 81, D).

Pour ce qui est de son usage pratique, l'accord altéré se modèle ordinairement sur son prototype en Mineur (§ 124, A), sauf quand celui-ci met la note dissonante dans une des parties inférieures.

Ex. 371.

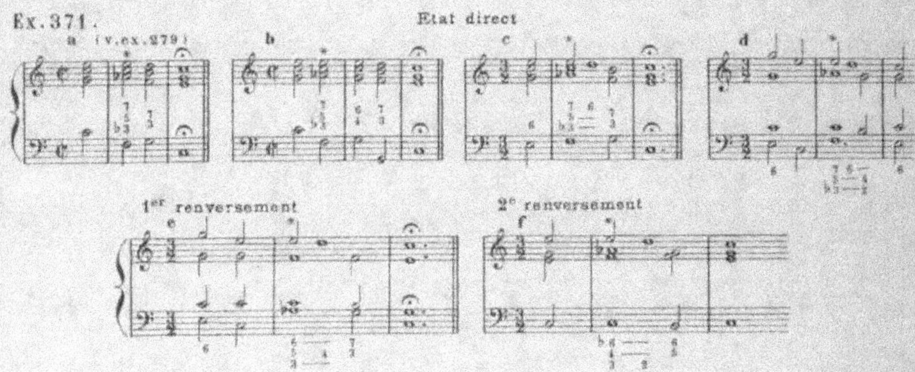

Le troisième renversement, amenant la note dissonante à la partie inférieure de l'ensemble (III_IV_VI♭_I), est incompatible avec la règle technique observée jusqu'à ce jour.

§ 141. __ Abordons à présent le *Majeur mixte dans son état intégral*. La collection entière des degrés mélodiques dont il dispose comprend, outre l'échelle du Mineur intégral (§ 111, G), le son distinctif de la tonalité souveraine, le IIIe degré majeur: *en tout dix sons*.

Echelle du Majeur mixte intégral

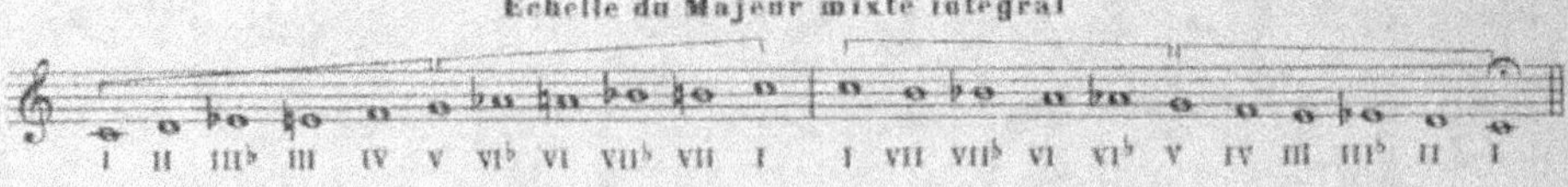

Deux demi-degrés seulement manquent pour que la succession chromatique soit ininterrompue dans toute l'étendue de l'Octave: l'un entre la Tonique et le IIe degré, l'autre entre la Sous-Dominante et la Dominante.

Le matériel polyphone de ce système se constitue, ainsi que nous l'avons déjà dit (§ 135. A), par la réunion des harmonies du Mineur intégral (§ 131 et suiv.) à celles du Majeur diatonique, plus les deux accords chromatiques expliqués au § précédent. On ne verra apparaître ici aucun accord nouveau et guère de successions nouvelles. La plupart de celles qui vont être passées en revue nous sont déjà connues pour appartenir à un des types du Mineur, et elles se transportent en Majeur mixte sans entraîner aucune modification nécessaire dans la disposition et le mouvement de leurs sons individuels. Ce qui change ici et suffit à modifier l'effet caractéristique des mélanges harmoniques, c'est le système tonal qui les encadre et gouverne le discours polyphone. En d'autres termes c'est la prépondérance de la consonance fondamentale, la tierce majeure, dont la sonorité, prépondérance latente ou effective, reste toujours présente au sentiment de l'auditeur.

A. Le Majeur mixte s'approprie les quatre modulations introtonales contenues dans le domaine polyphone du Mineur intégral.

I. *Modulation introtonale au VI[e] degré fléchi*, VI[b] (voir § 128, B, ex. 318; de plus § 134. B).

Ex. 372.

II. *Modulation introtonale au III[e] degré fléchi* (III[b]), relatif majeur de la tonique mineure (v. § 129, ex. 320-324).

Ex. 373.

Meyerbeer, *Les Huguenots*, IV[e] acte.
Benoit aîné, Éditeur-propriétaire.

III. *Modulation introtonale au VIIe degré fléchi, VII♭ (v. § 131, B, ex. 337–339).*

Ex. 376.

Ex. 376 bis.

IV. *Modulation introtonale à la Sous-dominante mineure (v. § 131, A, ex. 334–335).*

Ex. 377.

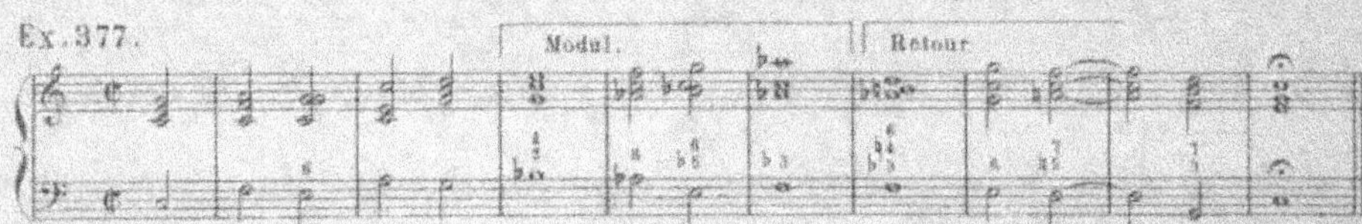

IV bis. *A la Sous-dominante majeure.*

Ex. 378. Choral *Warum sollt' ich mich dran grämen?*

Il est presque superflu de faire remarquer combien ces modulations intérieures acquièrent du relief en passant du Mineur dans le Majeur. La cause en est patente. Étant précédées et suivies d'une Tonique majeure, les successions harmoniques empruntées au Mineur prennent un accent plus incisif, plus pénétrant; le retour vers la Tonique majeure donne à l'auditeur une impression d'épanouissement. La différence est frappante surtout pour la modulation au IIIᵉ degré fléchi (ex. 373-375), si commune en Mineur qu'elle s'y fait à peine remarquer (§ 129), tandis qu'en Majeur elle produit parfois une véritable sensation.

B. Les observations précédentes relativement à l'effet sonore des modulations intérieures pratiquées en Majeur mixte s'appliquent en tout point aux *progressions dont la réalisation polyphone engendre une succession chromatique* (§ 132) et qui, en réalité, ne sont autre chose qu'un enchaînement continu de très courtes modulations introtonales.

Ex. 379.

Ex. 380.

C. Les oppositions frappantes produites par l'amalgame des harmonies du Mineur et du Majeur se retrouvent aussi dans les successions non symétriques.

Ex. 381.

Ex. 381ᵇⁱˢ dans le Choral *Jesu Kreuz*.

Nᵒ 245

D. Mais nulle part, peut-être, l'opposition originelle des deux systèmes juxtaposés ne se fait sentir plus énergiquement que dans certaines successions répétées d'accords parfaits, dont les fondamentales montent et descendent alternativement à la tierce. Le passage d'un système harmonique à l'autre se fait à chaque changement d'accord.

1. *Triade de Tonique en Majeur alternant avec celle du VI° degré en Mineur.*

Ex. 382. (v. ex. 181, 183, 342, a, b).

Ex. 383.

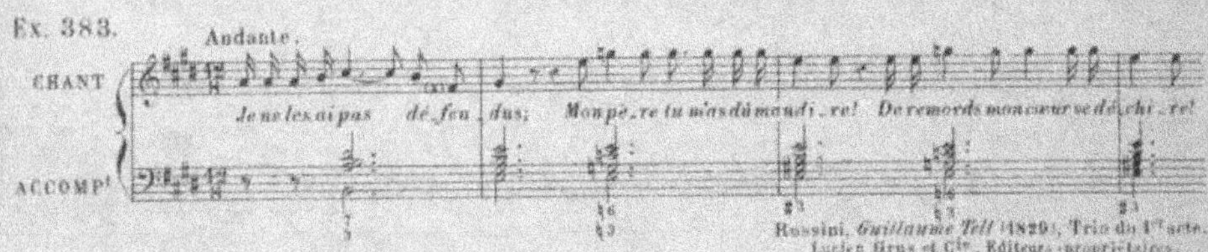

Ex. 384. *Remember* menaçant de la fiancée de marbre.

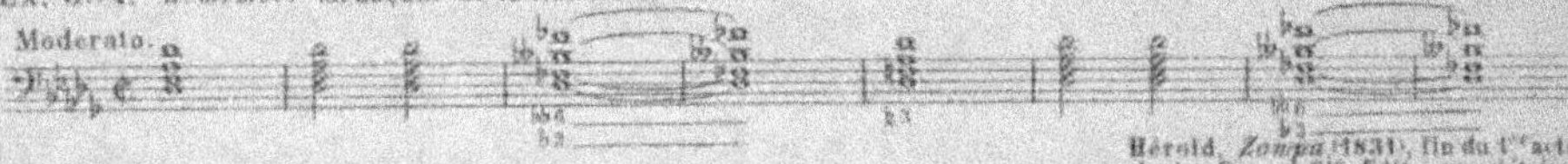

La même succession, parfois intervertie, se reproduit dans le Final du II° acte, à l'apparition de la statue et à la chute du rideau; au III° acte, lorsque la statue apparaît dans l'alcôve nuptiale.

Ex. 385. Bénédiction des poignards.

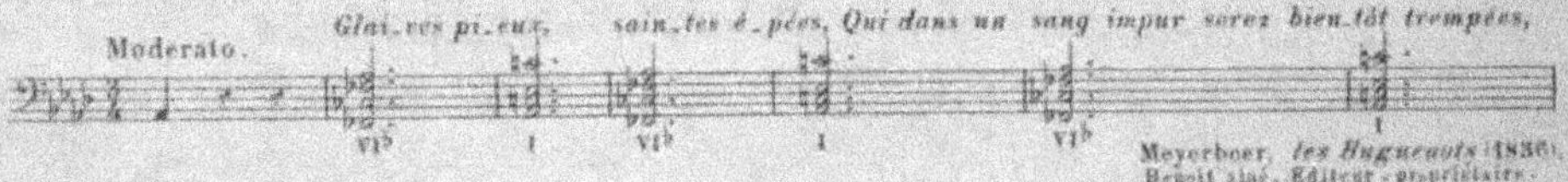

II. *Triade du VI° degré en Majeur, alternant avec l'accord parfait de sous-dominante en Mineur, ou bien, triade du III° degré en Majeur, alternant avec celle de tonique en Mineur.*

Ex. 386. (v. ex. 186, 342, c, d).

Ex. 386bis (v. ex. 187).

Ex. 387. Motif du heaume enchanté (*Tarnhelm*).

Les passages qui précèdent renferment les contrastes harmoniques les plus saisissants que les maîtres du XIX° siècle aient pu atteindre sans pénétrer au cœur du vaste domaine chromatique. Ce domaine, nous comptons l'explorer en compagnie du disciple dans l'Étude qui suivra celle-ci.

19669. H.   Paris, Imp. Chaimbaud & Cⁱᵉ.